# 不吼不叫
# 正面管教
## 实 践 版

罗俊英◎著

天津出版传媒集团

天津人民出版社

图书在版编目（CIP）数据

不吼不叫正面管教：实践版 / 罗俊英著． -- 天津：
天津人民出版社，2020.11
ISBN 978-7-201-16464-9

Ⅰ．①不… Ⅱ．①罗… Ⅲ．①儿童教育－家庭教育
Ⅳ．① G782

中国版本图书馆 CIP 数据核字（2020）第 181854 号

**不吼不叫正面管教：实践版**
BUHOU BUJIAO ZHENGMIAN GUANJIAO : SHIJIANBAN

| | | |
|---|---|---|
| 出　　版 | 天津人民出版社 | |
| 出 版 人 | 刘　庆 | |
| 地　　址 | 天津市和平区西康路 35 号康岳大厦 | |
| 邮政编码 | 300051 | |
| 邮购电话 | （022）23332469 | |
| 电子邮箱 | reader@tjrmcbs.com | |

| | |
|---|---|
| 责任编辑 | 王昊静 |
| 装帧设计 | 尧丽设计 |

| | |
|---|---|
| 印　　刷 | 唐山市铭诚印刷有限公司 |
| 经　　销 | 新华书店 |
| 开　　本 | 880 毫米 ×1230 毫米　1/32 |
| 印　　张 | 7.5 |
| 字　　数 | 130 千字 |
| 版次印次 | 2020 年 11 月第 1 版　　2020 年 11 月第 1 次印刷 |
| 定　　价 | 45.00 元 |

# 家庭教育，首先是自我教育

苏联著名教育家苏霍姆林斯基说："家庭的智力气氛对孩子的发展具有重大意义。孩子的智慧取决于家庭的智力兴趣如何，成年人读些什么、想些什么，以及他们对孩子留下了哪些影响。"美国宾夕法尼亚州匹兹堡大学语言学教授斯特娜夫人也指出："孩子是父母的影子，为了培养孩子的品德，父母的行为要自慎，应处处做孩子的表率。孩子好的行为或坏的行为，都是父母教育和影响的结果。"

由此可见，要想让孩子具备良好的品质和习惯，父母必须先具备这样的品质和习惯。父母的榜样会潜移默化地影响孩子。

模仿是婴幼儿学习的一种途径，值得注意的是，孩子不仅会模仿父母的言谈举止，就连思维模式、性格特点等也会模仿。父母是孩子的第一任老师，我们的一切行为举止都会成为孩子的模仿源。当我们发现孩子有不良行为或习惯时，不要急着责怪孩子，不妨先从自己身上寻找原因。

真正的教养不是教孩子该如何做，而是让父母了解应该怎么做。对于年幼的孩子来说，他们的分辨能力还没有完全形成，他们只知道父母在做的事情，他们也一定可以做。所以，家庭教育归根究底就是自我教育，给孩子讲再多道理，都不如言传身教具有说服力。

本书将帮助你和你的家人找到一条正确的途径，帮助孩子获得对个人能力的感知力和一些必备的人生技能。

# 为人父母是一场旷日持久的修行

如何养育孩子是亘古不变的话题，为人父母也是一场旷日持久的修行。

从古至今，我们的养育方式在变，对孩子的认识和了解也在变，唯一不变的，是我们对孩子发自内心的爱，孩子也始终需要我们的爱，好的育儿技巧和育儿理念都建立在"爱"的基础上。

因为爱，我们学习养育孩子的技能，学习如何照料这个小婴儿；因为爱，我们学着与自己的情绪和平共处，只因为我们知道，温柔、理性地对待孩子更好；因为爱，我们学会了宽容和仁慈，以及足够的耐心……

对于年幼的孩子，我们怎样给孩子洗澡、穿衣、换尿布？母乳喂养好还是喝配方奶好？几个月开始可以添加辅食，辅食该吃些什么……每一件事都需要自己去摸索。小小的婴儿还不会说话，所以总是用哭泣来表达自己的需求。每当孩子哭时，我都要根据她给我的线索来推测她到底是饿了还是困了，抑或是想要换尿布……每天的琐碎吞噬了我全部的生活。

为了不失去自我，在孩子两岁之后，我开始在家里工作，照顾孩子的同时写一些关于育儿的文章。面对两岁的孩子，还有堆积在面前的工作，我每天既忙碌又焦虑。

我工作的时候，孩子只能一个人在一边玩耍。但是这个阶段的孩子需要大人的全部关注，当孩子发现我的眼里只有电脑的时候，她特别憎恶我的电脑，甚至往我的键盘上倒满牛奶。看到她心安理得地搞破坏，我怒火中烧，忍不住大声地呵斥她。

那段时间，我变得暴躁又易怒，甚至对我的孩子失去了耐心，对她抱着不合理的期待。我希望她能够乖乖地在一边玩，不要总是跑来问我一些我无法回答的问题；我希望孩子能整理好自己的玩具，不要让我工作完之后还要面对一片狼藉；我甚至希望孩子能够做一些她这个年纪不太可能完成的事情，如自己穿衣服，上厕所。当她不能像我希望的那样完美地完成任务时，我就会极其不耐烦，甚至毫无遮掩地对孩子表现出我的厌恶。

直到某一天，我发现孩子打不开芭比娃娃的那个手袋之时，她变得异常急躁，双手使劲地撕扯，嘴里还不停地哭喊："妈妈，打不开，我打不开。"见我没有帮她的意思，她生气地将那个手袋丢进了垃圾桶。我突然意识到这段时间我对她的忽略，以及我的行为举止对她产生了不好的影响，我开始认真地反省自己，并希望能够找到一些方法，做出弥补。

"正面管教"这个概念我很久以前就研究过，虽然知道很多理论，然而当我真正开始做一个母亲之后，依然会犯错。是因为正面管教的工具不管用吗？当然不是。这一切都归咎于我忽略了情感联结的重要性。

于是，我毅然拒绝了一些工作机会，开始将陪伴孩子作为我的主业，我认真地研究孩子每个阶段的发育和行为习惯，学着理解孩子的世界，了解如何更好地去帮助孩子成长。在我的陪伴和鼓励下，孩子渐渐找回了她的耐心，也变得更加活泼有趣。

对于很多事，我们的一生都是在学习当中，包括学习如何做父母。人人都会犯错，作为父母也不例外，完美的父母并不存在。只要我们能意识到自己的错误，并且愿意为此做一些积极的改变，我们就可以从错误中学习并改变我们的习惯和境况。

正面管教工具会帮助我们找到最适合自己的育儿技巧，帮助孩子变得自信又自律，拥有强大的内心力量，正面管教会让我们学到大量关于养育的技巧，但要谨记的是，我们对孩子的爱才是最重要的。

与孩子共同成长，彼此成就，是每个父母都应该做的事情。

世界上最好的教养就是父母和孩子一起成长，共同成为更好的人。没有人天生就会当父母，教育孩子的过程，也是父母自我成长与提升的过程。

人生最美妙的体验，就是把时光用在美好的事情上，花时间好好品味与 0~3 岁孩子相处的时光，你会发现，这是人生中最美好的事情！

目录

## 第一章

# 遇见孩子，遇见更好的自己

## ——当新手父母遇上初生婴儿

你知道吗？当我发现自己怀孕的那一刻，我的内心既期待又惶恐。我期待这个小生命的降临，那应该是我人生最为重要的时刻，因为从那一刻起，我就有了一个新的身份——妈妈。但是，我又怕，怕初为人母的自己不能做一个称职的妈妈。我希望自己能够成为孩子心中最为理想的母亲，我怕让自己失望，让孩子失望。

——莉莎

很多新手妈妈都有这样的惶恐，她们渴望自己成为最好的妈妈，有足够的耐心陪孩子成长，让自己变成更好的人，为自己的孩子树立一个好榜样。

当你内心有这样的渴望时，你可能已经做好了为人母或为人父的准备。

成为理想的父母，已经是给孩子最好的礼物了。因为，这意味着，你将会用更加科学的育儿方式去养育自己的孩子，给予孩子足够的尊重，让孩子在健康快乐的成长环境中长大。

## 孩子是上帝赐予我们的最好礼物

"我们为什么要生孩子呢？"

当面对这样的问题时，大多数父母都不能将答案脱口而出。因为，很少有人认真地思考过这个问题，对于大多数人而言，到了一定的年龄，结婚，生子，然后懵懵懂懂地为人父母，这似乎是一件约定俗成的事。

跟大多数父母一样，从知道怀孕的那一刻起，我就开始为迎接这个新成员的到来而做准备。认真地胎教，看书，听音乐；只要医生说吃什么对孩子好，不管是不是曾经最讨厌吃的食物，都往肚子里填，甘之如饴；每一次的产检都像考试一样忐忑地等待结果，希望宝宝一切都好；在宝宝出生的前几个月就开始讨论，该给孩子起什么样的名字，既意义深远又不落俗套；向有经验的朋友请教，是母乳喂养好，还是吃配方奶粉更加有利于孩子成长……

每次逛街，看到那些可爱的婴儿用品都会挪不动脚步。于是，孩子还没有到来，婴儿车、婴儿床、奶瓶、安抚奶嘴、小袜子、小衣服，各种摇着叮当响的玩具就堆满了整个房间……这段时间，是充满想象和期待的，我们想象着那个可爱的小天使乖巧的模样，幸福而甜蜜。

但是，在女儿降生的前一刻，我都没有清楚地认识到，成为妈妈会给自己的生活带来怎样的改变，自己的人生会因为这个小生命的到来而变得有什么不同。直到经过漫长而痛苦的分娩，女儿第一声啼哭响亮地响起时，护士把那个小小的人儿抱到我的面前，看着她那张粉白的小脸，我的内心深处，有一种莫名的感动，那种感觉是任何语言都无法描述的。我知道，从那一刻起，我的生命将开始变得不一样了，我愿意用自己的生命来爱她。

我相信，你也跟我一样，紧张而期待地等待孩子的降临，为孩子的到来做一切准备。你也永远不会忘记孩子出生那一刻的感受，或许孩子并没有我们想象中的那么漂亮，他的头发可能卷曲地、湿漉漉地贴在头上，那张皱巴巴的小脸看起来像个布满皱纹的老人。但是，你依然会觉得他是你在这个世界上见过的最漂亮的小宝贝，你愿意为了他付出你的一切。

在没有成为父母之前，你根本想不到自己会成为一个无所不能的超人。比如，当孩子生病的时候，你可以连续几个晚上不眠不休，随时关注孩子的体温变化，只要看到孩子的小舌头在舔嘴唇，就不失时机地给他喂一口白开水；胆小的你，可以半夜一个人打车到医院挂急诊，所有的恐惧都淹没在对孩子的担心中；曾经看见小孩拉臭臭就远离十万八千里的你，现在每次在孩子拉完后，都要仔细地观察一下大小便的颜色，然后无比欣慰地说一句：颜色真好！

是什么让你变得更耐心，更坚强，更无所畏惧？一切都是因为对这个小生命的爱。除此之外，我找不到更好的解释。

孩子是上帝赐予我们的最好礼物。的确如此，孩子是上帝给予我们的恩赐，遇见孩子，你才会遇见更好的自己。

**想一想**

为人父母之后，你的生活发生了哪些变化？你自己有了哪些改变？并从中获得了什么？

## 梦想与现实，天使与魔鬼

当然，养育孩子除了会让你感受到爱和幸福之外，也会给你制造许多麻烦。作为一个新手父母，在养育孩子的过程中，你既能发现自己人性中最美好的一面，又会不定时地释放心中的小恶魔，表现得暴躁而糟糕。你会发现，有了孩子的生活，既有出乎意料的惊喜，又处处充满挑战。

当母亲、父亲这个新身份的新鲜感褪去之后，即使你多么宠爱你的孩子，也依然会时常懊恼他偷走了你所有的自由时光，你会发现原本井井有条的生活变得乱七八糟。喂奶，洗澡，换尿布，添加辅食……你的生活完全被这些琐碎的事缠绕着，你几乎失去了所有的个人时光。更糟糕的是，你不明白孩子为什么总是会哭，是饿了还是困了？抑或是身体的哪个部位出了毛病？孩子只会张大嘴巴哇哇大哭，他所有的需求都需要你去破解……这个时候，部分母亲恨不得把这个小婴儿重新塞回肚子里。

在成为父母之前，我们压根不会知道世界上竟然有如此艰难的职业。我们以为孩子再大点儿就好了，但是随着孩子的成长，又有一连串新的问题等待我们去解决，这让我们感觉生活变得毫无指望。

当"可怕的两岁"来袭，原来的"小天使"变成"小恶魔"，你完全不知道该怎么做。你会面临许多问题：如何对待一个不听话的孩子，可以打他吗？和这个年纪的孩子讲道理时，他能听得懂吗？是否需要给孩子立规矩？如何帮助孩子获得成就感和归属感？在这个过程中，怎样调节自己的情绪，才能不那么焦虑和沮丧？

在成为父母之前，我们不会明白为人父母的感受。在我们从事某项工作之前，都必须经过专业的培训、学习，然后持证上岗。父母这个职业，虽然不需要持证上岗，但却一点儿也不简单，可以说，父母是世界上最艰难复杂的职业。

但是，不管你现在多么心力交瘁，在将来的某一天，你一定会十分怀念现在这个时而欢欣不已，时而郁闷沮丧，劳心劳力又寝食难安的日子。因为只有在这段时光里，你才是孩子的整个世界，是他的全部依恋，错过了就永远不会再来了。

所以，不管你的孩子是"天使"还是"恶魔"，请珍惜和孩子在一起的时光，试着让自己放轻松地享受这个过程，你会觉得和孩子在一起的每分每秒都变得妙不可言，你会希望时光慢一点，再慢一点，让你的小宝宝不要那么快长大。这样充满矛盾的感受，在成为父母之前，我们都无法体会到。

**想一想**

在养育孩子的过程中，哪些经历曾让你特别无助？你从这些经历中获取了怎样的育儿经验？你认为当时的自己做得够好吗？如果有重来的机会，你会怎么做？

## 最好的养育是发自内心的爱

如何更好地养育孩子？

这是大多数父母都想过的问题，或许在整个孕期，或许初为新手父母，大家都在反复讨论。我也一样，整个孕期都在看育儿书籍，也知道了许多育儿理论。有一句话说得好："知道很多道理，依然过不好这一生。"同样，关于如何教养孩子，我们虽然也知道太多的理论，但依然会见证许多失败的教养。

理论和实践总是大相径庭。即使我读了很多关于控制情绪的书，但当面对一个总是想要制造一点儿麻烦以期引起大人注意的小孩很多时候，我依然无法让自己变得心平气和。我的女儿并不是一个让人省心的天使宝宝，她爱哭，性子急，脾气偏，主意大。我也曾为了让女儿少制造一点儿麻烦，威胁、吼叫，甚至打骂过她。这样的我让女儿望而生畏，也让自己厌恶。并且很快我就发现，我的这些手段并没有起到任何作用。

后来，我开始反思，我决定采用另一种教养方式。当面临一些问题的时候，我不再歇斯底里，不再怒气冲冲，当我的耐心达到底线的时候，就会努力去记忆中寻找那个可爱的小孩，她笑的样子，她熟睡的样子，她喊妈妈的样子，她亲吻我的样子……我想办法让自己冷静下来，然后告诉自己要温柔一点，再温柔一点。这个方法的效果还是很不错的，每当我想起女儿那张柔软可爱的小脸，我的心就会变得柔软起来，我不再是一个只知道吼叫的妈妈，当我变得温柔之后，女儿也变得不那么"面目可憎"了。

当然，这里说的"温柔"，并不是要毫无原则地纵容孩子。我的女儿是一个有主见的孩子，她经常对我说的话充耳不闻。

有一天，我在打扫卫生，女儿在一边玩耍。忽然，我看见她的小手正在抠墙上的插线板。情急之下我大声喝止，然而女儿却对我的话置若罔闻，依然没有撤回她的小手。那个时候她已经快两岁了，我们日常交流并无障碍，我确定她听见了我说的话，只是她对我的话充耳不闻，不愿意停下来。

我急忙跑过去，抓住她的胳膊，然后蹲下来，看着她的眼睛，一字一句地对她说道："插线板是一个很危险的东西，一不小心就会触电，你的手就会被'咬伤'，以后不可以乱摸。"

我没有吼她，但是我的语气很坚定。我希望她能明白我并不是在开玩笑，她所做的事情我不赞同，因为这是一件非常危险的事。她似乎听懂了我的话，小嘴轻瘪，一副要哭的样子。我赶紧抱着她，温言说道："我很爱你，也很关心你，所以我怕你受到伤害。"安抚好女儿之后，我赶紧买了防触电安全塞。

爱孩子并不是说说而已，我们不仅要用语言表达爱，更要将这种爱变成行动。我相信，一个乖巧可爱的孩子不是大人用他不可侵犯的权威换来的，而是用足够的耐心和爱换来的。或许你的孩子没有其他孩子那么温顺、听话，也没有其他孩子那么漂亮、聪明，但是不管他是什么样子，你都要发自内心地爱他。

如果你的孩子从出生的那一刻起，就感受到你发自内心的、毫无条件的爱和信任，那么，在养育孩子的过程中，你将更容易成为孩子眼中最好的父母。

> **想一想**
>
> 你是不是发自内心地养育自己的孩子？不管孩子是什么样子，你都发自内心地爱他吗？

## 溺爱孩子并不是真正的爱

近几年来，大家都奉行"爱的教育"，但是在爱和溺爱之间，大多数父母都很难把握好这个界限，很容易把娇纵孩子理解成爱。记住，释放孩子天性，尊重孩子的意愿并不等于娇纵和溺爱孩子。

表妹是独生子女，表妹夫也是独生子女，去年年初，他们生了女儿小柚子。这可把双方父母乐坏了，一个孩子，六个人宠，可以说孩子集万千宠爱于一身。上个月，我在表妹家吃饭，目睹了她家"娇小姐"的特殊待遇。

从我一进门开始，小柚子就坐在电视机前看电视。当表妹把最后一道菜端上桌子时，小柚子依然在看电视。全家人都坐在了餐桌前，小柚子依然稳如泰山。最后表妹使出浑身解数才把小柚子请到桌子前。坐在餐椅上的小柚子，眼睛却没有离开电视机。

"宝贝儿，妈妈把电视关了，吃完饭再看，好吗？"表妹商量着问。

"不，我就要看电视。"（小柚子拒绝关电视。）

"好，只要你肯吃饭，都听你的。"表妹妥协了，表示只要肯吃饭，怎么都可以。

"吃一个虾仁儿，好不好，妈妈专门给宝贝儿做的黄瓜炒虾仁儿，可香了。"表妹夫夹了一个虾仁儿放在小柚子的碗里。

"不要吃虾，我要喝酸奶。"小柚子噘着嘴，把虾仁用手拿了出去。

"好，宝贝儿要喝酸奶，爸爸给你拿。"表妹夫转身去冰箱拿酸奶，却发现冰箱里的酸奶已经喝完了，于是说道："宝贝儿，家里没有酸奶了，一会儿吃完饭我们去超市买。"

"不，我就要喝酸奶。"小柚子固执地顶嘴。

"那你先吃一口饭，爸爸就去给你买酸奶。"表妹夫妥协之后说道。

小柚子张开嘴，乖乖地吃了一口饭，还没等饭咽下去就提醒表妹夫："爸爸，买酸奶。"

表妹夫不但没有觉得有什么不妥，反而为自己哄了女儿吃了一口饭而沾沾自喜，然后乐呵呵地下楼买酸奶了。

生活中，不乏像表妹他们这样的"孩子奴"，他们觉得这是让孩子展示自我，其实是在培养孩子的自私自利，不懂得自我约束的性格。所以，真正的爱一定要有规则，不能把爱变成溺爱。懂得自我控制，在遵循规则的前提下，孩子才能慢慢学会体谅，学会宽容，才能长成一个有责任心，懂得感恩的人。

一个以自我为中心的孩子，会理所当然地认为全世界的人都跟自己的父母一样，会无限制地容忍自己，无条件地满足自己的愿望。可当他发现除了父母之外，没有人会这样对他，这会颠覆他以往的认知，从而对世界产生怀疑，对生活感到焦虑，面对自己无法处理的事情，会感到不安和绝望，稍微受挫就一蹶不振。

教育中最重要的目的就是培养孩子的价值感和归属感，教会孩子去认识世界，面对生活，学会有价值的社会技能和生活技能，从而变成一个自主、自立的人。过于溺爱孩子只会把孩子培养成一个任性、自私，没有社会责任感的人，这与我们教育的初衷是背道而驰的。

**想一想**

在养育孩子的过程中，你清楚"爱的教育"与"溺爱教育"之间的界限吗？你是否对自己的孩子百依百顺？你已经将那个小婴儿宠坏了吗？

# 教养孩子，不是父母某一方的责任

教养孩子不是父母某一方的责任，父亲这个身份也和母亲一样，不是任何人可以替代的。当父母共同承担孩子的养育责任时，最大的受益者就是孩子。

在养育孩子的问题上，男人和女人之间是存在差异的，他们的养育风格有时候会大相径庭。但这种差异，对孩子的成长却大有益处。一个看似什么都不懂的婴儿，其实比我们想象的要聪明得多，他会根据照料人的不同性格来改变自己的行为模式，从而让自己学会和不同类型的人打交道的技巧，这对孩子的成长与发展都有所助益。

当然，并不是说单亲家庭的孩子就一定不会得到健全的爱。如果你是一个单身母亲或者单身父亲，只要你用心养育，依然可以养育出一个健康快乐，品格优秀的孩子。如果你的孩子能够出生在一个健全的家庭里，那么，你一定要充分发挥每一个人的作用，如此，在养育孩子时，你才会少走许多弯路。假如你在养育孩子的时候能够寻求到帮助和支持，你也能从亲子时光里感受到更多的幸福和快乐。

然而，对于养育孩子来说，很多中国家庭都理所当然地认为是妈妈的责任，有时候就连妈妈自己也认为是丈夫在帮自己照顾孩子，似乎每一位中国妈妈后面都有一位隐形的丈夫。那么，作为一个妈妈，我们要怎样调动起丈夫的积极性，让他参与孩子的每一次成长呢？

### 1. 尽量让孩子和爸爸多相处，让他感受孩子的成长

夫妻之间最好不要异地分居，因为只有看着孩子成长，男人才会切身地体会到当父亲的感觉。只有亲手给孩子换过尿布，哄过孩子睡觉，亲眼看见孩子夜里频繁地醒来，不是大小便就是哺乳，他才能更加体会到妈妈的辛苦，只有亲身体验过孩子生病时的衣不解带，他才能更加理解妈妈的不容易。

### 2. 鼓励你的另一半单独带孩子，并相信他是最优秀的父亲

不要担心没有你在身边，孩子会吃不好，穿不暖，我坚信，

没有哪一个父亲会让自己的孩子饿着或冻着。所以，把孩子交给你的爱人，并适当地夸奖他、鼓励他，让他和孩子一起成长。

### 3. 懂得示弱，妈妈绝对不是超人

妈妈不是超人，妈妈也会累，很多时候也会搞不定那个淘气的小家伙……你无须将所有的事情大包大揽，只有你懂得示弱，你的另一半才能帮你一起承担。

总之，不要给照顾孩子的任务贴标签，这不是父母某一方的责任。不管你们家里的主要照料人是谁，他都有权力向另一半寻求帮助。

**想一想**

　　在养育孩子的问题上，你是如何让你的伴侣参与进来的？你们将如何愉快地共同抚养孩子？假如你是一个单身母亲或者父亲，你要怎样在照顾好孩子的同时，照顾好自己？

# 新手父母，不必太过苛求自己

我并不是一个温柔的母亲，我也曾因为各种各样的理由向我的孩子大吼大叫过，也常常对孩子失去耐心，忽略孩子的正当需求。我曾经将自己的不良情绪转嫁到孩子身上，任孩子小小的躯体承受我的怒火。

我知道，生活中的大多数父母都会有类似的经历。或许是生活中的压力让你不堪重负，所以，你期待那个小婴儿能理解成人世界的所有压力，能变得乖一点，更乖一点。但是，小小的孩子又怎么理解我们的期望呢？于是，即便我们怀抱着对孩子最深的爱，依然避免不了用最恐怖的语气跟他们说话。

当我们恢复平静之后，内心就会充满内疚感。当我们开始为自己的暴躁而羞愧的时候，你可能会觉得自己是糟糕透顶的父母，会有深深的挫败感。那么，从现在起，请改变那些对自己的负面想法和评价，不要苛责自己，也不要怀疑自己对孩子的爱。与其自责、羞愧，不如想一些切实可行的办法让自己成为更好的父母。

我们都是第一次做父母，谁不是摸着石头过河？最开始哺乳的时候，我们并不知道需要给孩子拍奶嗝，导致孩子频繁吐奶；第一次换尿布的时候给孩子穿得歪歪斜斜，结果尿液全部漏了出来；习惯性把孩子捂得严严实实，结果把孩子捂出一身痱子……

> **想一想**
>
> 在养育孩子的过程中，你犯过哪些错？哪些原因会让你对孩子大吼大叫？是什么原因让你想要改变这样的习惯和境况？

## 【实践篇】新手父母，如何顺利度过"实习期"

◎如何应对新生儿常见的腹绞痛

孩子每到傍晚至凌晨这段时间就莫名地烦躁不安，哭闹不止，蜷起两条小腿，表情痛苦难耐，无论怎么安抚都平静不下来，如果通过医生检查，没有其他身体不适的原因，那很可能就是腹绞痛。

腹绞痛在新生儿中很常见，一般是肠痉挛引起腹痛所造成的。这不是什么严重的问题，孩子除了会有一些无法安慰的痛苦之外，没有生命危险。所以，当孩子正在经历这种阵痛，而你又无法安慰的时候，不要感到沮丧，也不要担心得食不知味，夜不能寐，因为这不会持续太久。

除此之外，以下几种方法也可以缓解孩子的痛苦。

### 1. 给宝宝做热敷

在你的腿上放上一个热水袋，用毛巾包住，温度要适宜，以免烫伤宝宝。让宝宝躺在你的腿上，然后用热毛巾或者热水袋轻轻地揉搓或轻拍宝宝的背部。这个方法可以减轻肠胃胀气，有助于减轻宝宝的腹绞痛。

### 2. 为宝宝做腹部按摩

将婴儿身体乳，或者婴儿油涂抹在手上，轻轻搓热，然后在宝宝肚脐周围沿顺时针方向轻轻按摩。这个方法也有助于缓解宝宝肠胃胀气，减轻腹痛。

### 3. 飞机抱

用一侧的手臂托住宝宝的身体，让宝宝的头和脸靠在肘弯附近，面向外面，两腿自然地向下垂，手掌紧紧抓住大腿根部和屁股，小臂贴在宝宝发紧的肚子上。当宝宝腹绞痛发作的时候，飞机抱的方式可以有效地缓解宝宝的痛苦。

### 4. 给宝宝足够的安慰

将宝宝抱起来，在屋里四处走走，轻轻地为他拍嗝，或者给他吮吸安抚奶嘴。宝宝在妈妈肚子里的时候，他所处的环境并不是特别安静的，他能听到妈妈血液的流动声，心脏的跳动声，肠胃的蠕动声，所以当宝宝痛苦不安的时候，我们可以模仿这些声音，给宝宝营造一个熟悉的声音环境，这对宝宝来说是极大的安慰。

## ◎帮孩子建立良好的睡眠习惯

新手父母最大的挑战可能就是宝宝的睡眠习惯。在宝宝出生后的头几个月里，大多数孩子都是在吃了睡，睡了吃。在这个阶段，很多父母喜欢抱着孩子睡觉，如此，孩子就能够更快地入睡，也会睡得更久，更香。但是，这种做法并不明智，你需要尽快帮孩子建立良好的睡眠习惯，最好从出生后的头一个月开始。

最好把孩子放在婴儿床上，让他学会自己入睡，培养健康的睡眠模式，不仅可以让你的生活变得轻松，还能培养孩子的自立感。

关于如何培养睡眠习惯，后面章节会有更加详细的讲解。

## 第二章

# 你的教养方式，决定孩子的性格

——3岁前，最有效的教养工具是理解和爱

我真的不知道该如何是好，我的孩子快把我逼疯了。去超市或便利店的时候，如果没有给他买想要的东西，他就会哭闹不止。尽管同样的玩具我已经给他买了十几个了，他依然不达目的，誓不罢休。每次我在工作的时候，他都会来捣乱，假如我没有立即停止手中的工作陪他玩，他就会大发脾气。尽管我已经明确地告诉他稍等一会儿，结束手中的工作之后我就会给他讲故事，但是他完全没有等待的耐心，哪怕一分钟。

我对他的耐心似乎已经耗尽了，当下一次他再给我制造麻烦的时候，我可以打他吗？

——爱莎

千万不要期待一个小婴儿拥有成人一样的耐心，完全理解成人世界的各种规则。严厉的惩罚是一种野蛮行径，或许在短时间内可以约束孩子，但是从长远来看，却对孩子的身心健康极其不利，甚至有灾难性的后果。

所以，最有效的教养工具是理解和爱，而非惩罚性管教。

# 你希望孩子成为一个什么样的人

在孩子刚出生时，我们最需要做的就是满足他的基本需求，除了吃喝拉撒之外，我们无须考虑管教问题。然而随着孩子的成长，在不知不觉间，当初那个软糯可爱的小婴儿逐渐成为一个有自我意志的孩子，我们会发现，你需要一些管教方法正确地引导他的行为。

三年前，女儿出生的时候，当来医院探视新成员的所有亲朋好友都走了之后，在医院那个双人病房里，我和先生一起凝视着眼前那个小婴儿，低声讨论着我们应该如何养育这个小生命，我们将会成为什么样的父母，会把她培养成一个什么样的人？

那个时候，我跃跃欲试，有很多宏伟的蓝图。现在回想起来，那些关于未来的规划有一些实现了，也有一些遗漏了。

我们期待孩子成为一个什么样的人呢？这个问题我也曾经问过许多向我咨询的家长。

"我的孩子，大可不必把大人的话奉为圣经，事事顺从，乖巧听话。我更希望他是一个独立而自由的个体，有自己的主见和想法，敢于说'不'，能对自己的人生负责，如此足矣。"一个年轻的爸爸如此回答道。

还有一个母亲说道："我希望我的孩子有很强的意志力和抗挫能力。不怕吃苦，有责任心，永远自信，乐观，勇敢。"

每个父母都有自己的期望。我们的期望是什么呢？我们可以列一个清单，列出你希望帮助自己的孩子培养哪些品格，比如以下这些：

勇敢正直——有正义感，责任心。

诚实可信——守时守信，不说谎话。

积极乐观——语言幽默，灵魂有趣，永远热爱生活。

宽容大度——有同情心，发自内心地接纳他人的缺陷，关心他人。

自我尊重——尊重自己，尊重他人。

善于思考——拥有超强的执行力，也就是解决问题的能力。

当然，这些只是美好品格的一部分，如果我们还有什么其他希望的品格，我们都可以一一罗列出来。在养育孩子的过程中，只要我们牢记这些品格，就会发现，当我们使用正面的管教方式，积极地参与孩子的成长，和孩子之间相互尊重，彼此合作，平等互助。当孩子出现问题时，一起寻找解决问题的方法，在潜移默化中就能培养出孩子这些高贵的品格来。

**想一想**

你认为一个成年人最需要拥有的品格、技能是什么？把这些一一罗列出来，全面地了解自己，看看自己是否拥有这些品格和技能？你要如何弥补自己所欠缺的？你要怎样才能把这些优秀的品格和技能教给自己的孩子？

# 你的教养方式，决定孩子的性格

对于一个小婴儿来说，最主要的管教不是孩子需要怎么做，而是我们自己该怎么做。孩子的很多行为性格，都能从父母身上找到影子，可以这么说，我们的教养方式决定孩子的性格，什么样的教养方式，就会养出什么样的孩子。

什么是教养方式？所谓的教养方式就是我们在养育孩子的过程中使用的一系列方法。下面我们就一起看看以下三种典型的教养方式对孩子性格造成的不同影响。

## 1. 专断严厉型

专断严厉型的父母是典型的控制型父母，即使孩子已经从一个懵懂无知的小婴儿变成了一个有自我意识的小孩，但是这种类型的父母依然不允许孩子对自己说"不"，他们会制定许多规则，让孩子严格执行，决不允许孩子违反自己制定的规则，否则就会受到严厉的惩罚和指责。当然，这些规则的制定，孩子是没有权利参与的，也没有决策权。

"控制型"父母对孩子的限制性非常强，父母把"听话"当作教养孩子的唯一目标，一味地要求孩子服从自己的权威，而很少发自内心地去了解孩子的感受和想法。在这种教养方式下长大的孩子往往性格孤僻内向，自卑胆小，遇到困难消极逃避，缺乏独立思考的能力，执行力极差。

### 2. 骄纵溺爱型

现在这个社会，经济条件越来越好，大部分家庭都把爱全部倾注在孩子身上，对孩子基本上都是百依百顺，有求必应，哪怕明知道是孩子在无理取闹。骄纵溺爱型父母的口头禅就是"你和他较什么真？他只是个孩子。""好了好了，你别哭了，你要什么我都给你买。""孩子还小，你跟他说什么他都听不懂，等他长大了自然就好了。"

所谓"三岁看小，七岁看老"，有的毛病在孩子小的时候不纠正，长大后就很容易误入歧途。那些从小被骄纵的孩子容易变得任性、自私、有依赖性，没有担当，喜欢逃避责任，耐挫力差，稍微遇到一点挫折和失败，就会觉得整个世界都对不起自己。

### 3．正面管教型

正面管教是一种既不严厉专断，又不骄纵的管教方式，也是新知父母最推崇的一种教养方式。推崇正面管教的父母通常对待孩子的态度非常温和，他们会非常尊重孩子的自我意志，关注孩子内心真正的需求，主动接纳孩子的意见，不强迫孩子做自己不喜欢的事，但是对触碰原则的事又能坚定自己的立场。他们会站在引导和帮助孩子的立场上，与孩子一起制定合理的行为标准，在执行的过程中和孩子进行充分沟通交流，让孩子在自主、自由的环境下健康成长。

正面管教的教养方式，既能塑造孩子自信、自律的可贵品质，又能积极鼓励孩子独立自主。在这种教养方式下长大的孩子乐观、开朗、自信，拥有积极向上的心态，情绪稳定，自我控制力强，善于独自思考，主动性强，并且勇于创新。

当然，不是所有的孩子都一样，每个孩子都有自己的个体差异，所以，孩子的教育也没有一定之规，希望每一位父母都能在尊重孩子自身发展规律的前提下，正确地引导孩子成长，并在养育孩子的过程中，不断完善自己，找到真正适合自己孩子的教养方式。

**想一想**

你是什么类型的父母？你需要做出什么改变，才能更好地去培养孩子的人生技能和可贵品质？

## 了解孩子的需要

毫无疑问，不管我们是什么类型的父母，我们的养育方式是什么，在养育孩子的过程中，我们要做的就是满足孩子的各种需求，如此孩子才不会哭闹。

很多人说"女儿要富养"，如此才能经得住世间的诱惑，不会轻易地就被别人骗走。事实真的是这样吗？当我有了女儿之后，我也曾想过给她世界上最好的东西，漂亮的裙子，可爱的芭比娃娃，就连她喜欢的梦幻城堡，我都想帮她搬回家。但是，后来我发现，小孩子真正需要的东西其实很简单。

孩子真正需要的是什么？

对于一个刚刚来到这个世界的小婴儿来说，他最基本的需要就是关爱和满足，通俗来说就是饿了要喝奶，尿了要换尿布，怕了需要一个温暖的怀抱，总之，他需要的是父母温柔的呵护和抚摸，而不是昂贵的玩具、最新款的电子产品，以及好吃的垃圾食品。除了基本的需要之外，其他的一切需要都是不必要的欲望，我们可以满足孩子的基本需要，但是不必毫无节制地满足孩子的欲望。

我女儿才几个月的时候，就非常喜欢看电视，只要电视一打开，就必定能成功地吸引她的注意力。不久之后，我们搬了新家，我跟先生决定在新家不再安装电视。因为我知道，在这个年龄阶段，孩子需要的是跟家人更多的互动，而不是长时间地盯着电视屏幕，任何电子产品都有可能妨碍他们大脑的最佳发育。

其实，年幼的孩子自己并不知道如何选择，他可能更喜欢和自己的父母睡在同一张床上，但是假如你能够给他提供一张舒适的小床，并给他营造一个安全的入睡环境，让他自己入睡，如此，也为他以后获得自立感奠定基础。

糖是每个孩子都无法拒绝的诱惑，但是，如果你能用葡萄、苹果、香蕉等水果替代花花绿绿的糖果，这样不仅能满足孩子的营养需要，还能为他的健康保驾护航。

作为父母，我们必须知道孩子需要什么，不需要什么。假如我们一味地为孩子不必要的"欲望"妥协，孩子就有可能养成"特权"心理，想要什么就一定要得到什么，否则就撒泼打滚儿，哭到我们让步为止。我们肯定不希望自己的孩子变成一个任性的"小魔童"，所以，我们必须明白，适当地满足孩子的需要，才能让孩子成长为一个健康、快乐、独立的人。

**想一想**

在养育孩子的过程中，你是在满足孩子的需要，还是在满足孩子的欲望？你会为了孩子的"欲望"而妥协吗？

# 如何解决孩子的逆反心理

法国作家拉·封丹写过一个寓言故事《北风和南风》，故事的大概内容是这样的。

北风和南风都觉得自己的力量才是最强大的，彼此之间争论不休，互不妥协。最终，它们决定一决高下，如果谁能把行人身上的大衣脱掉，谁就是最强者。

北风不甘示弱，首先展示了自己的威力。只见它张大嘴巴，呼呼地吹出一股寒风，自信满满地认为能够把行人的外套吹掉，没有想到的是，为了抵御凛冽刺骨的寒风，路上的行人反而将身上的大衣裹得更紧了。北风失败了。

轮到南风上场了，只见南风缓缓地张开嘴，徐徐地吹出一股暖风,天气一下子就变得暖和起来,宛如春日。路上的行人觉得天气真的太暖和了,完全没必要穿外套,于是主动脱掉了大衣,南风轻而易举地达到了目的。

故事中南风之所以能取得胜利,就是因为它顺应了人的内在需要。这种因启发自我反省、满足自我需要而产生的心理反应,也就是心理学上所说的"南风效应",也称"温暖效应。"

"南风效应"也同样适用于家庭教育。在孩子的成长过程中,一味地像"北风"一样严酷,反而会让孩子难以接受,并且产生逆反心理。如果我们在改变孩子不良行为的过程中像"南风"一样细致温和,对他们采取"和风细雨"式的教育方法,往往能顺应孩子的内心需求,使孩子受到启发,从而自我反省,自我修正。

有一次朋友来找我诉苦,原因是她现在拿她家孩子没有办法了:叫他往东,他偏要往西;叫他不要哭了,他却闹得更凶;常常违背大人的要求,还故意去做大人明文禁止的事;在公众场合突然大声尖叫;还喜欢乱发脾气,将东西扔得到处都是……

"我终于知道什么是'可怕的两岁',无论我要求他做什么,他都不按照我的想法去做。为了让他听话,心里再不舍得都得打,打完之后他是乖了许多,但是我发现,他这样的行为并没有改变，还有越来越严重的趋势。其实，家里只有我们两个人的时候，他还是有点听话的，只要家里来了客人，他便开始处处跟我唱反调。"朋友这样说道。

"为什么要让他按你说的做？"我反问道。

"他做的明明都是错的，我给他纠正过来，但他总是不接受我的意见。"朋友说。

"那你纠正过来了吗？"我反问。

"没有。"朋友看起来很沮丧。

其实，对于一个两岁的孩子来说，喜欢说"不"是因为他自我意识的觉醒，并不是故意在跟大人唱反调；在公众场合大声尖叫，是因为他对周围环境的兴奋好奇；乱摔东西也是想探索世界；乱发脾气可能是寻求帮助……父母需要了解孩子这些行为背后的真正需求，利用"南风效应"宽容对待孩子，适当满足孩子，你会收到意想不到的效果。

**想一想**

　　面对孩子的逆反心理，你是像"北风"一样严酷，还是像"南风"一样温暖和煦？为此，你需要做一些什么改变？

## 严厉的体罚没有任何意义

很多父母觉得严厉的惩罚是对待孩子的最佳手段。如果你经常用发火来表达情绪，请停下来，因为你会发现你的孩子也会变得暴躁易怒，无法掌控自己的情绪；如果你喜欢对你的孩子吼叫、打骂，请停下来，因为你会发现你的孩子通常也会表现得极其没有耐心……如果你期待用说教、打骂、威胁、警告、贿赂等方法让孩子变得听话，请停下来，因为这些都不是相互尊重而有效的正面管教手段。

那么，什么是行之有效的正面管教手段呢？

很多孩子之所以出现反叛行为，跟大人的一味严厉有很大的关系。大多数父母的严加管教，不但没有在孩子面前树立威信，反而使孩子产生了逆反心理，在大人面前越来越叛逆。为了不让孩子产生逆反心理，在教育孩子的过程中，我们要特别注意以下几点：

1. 心平气和地处理孩子的过失

孩子在成长的过程中难免会犯错。当孩子犯错之后，我们要冷静地听一听孩子的想法和解释，心平气和地询问具体情况之后再判断孩子是否应该接受惩罚，这个年纪的孩子犯错，大多数都不是故意"做坏事"，如果孩子是好心办坏事，父母就不应该过于责备孩子，而是应该鼓励孩子再去尝试，找到正确的做法。如果孩子犯了错，父母不给孩子解释的机会，不分青红皂白地便将孩子打一顿，会使父母与孩子之间的关系越来越疏远，孩子也会变得越来越叛逆。

### 2. 不要带着怒气管教孩子

任何人犯了错，都理所应当地受到批评和教育。然而，人非圣贤，孰能无过，更何况还是一个未经世事的小孩子。所以，作为父母，孩子犯了错，我们首先要管理好自己的情绪，千万不要带着怒气去管教孩子。

人在愤怒的情况下，很容易做出错误的判断，从而无法对孩子做出正确的引导，孩子也不能很好地认识到自己的错误。发现孩子犯错后，父母可以心平气和地与孩子一起立下约定，如果以后再犯同样的错误，就会得到怎样的处罚，以此让孩子感受到父母的爱和宽容，并反省过错，避免重复犯错。如果孩子一犯错，父母就怒火中烧，给予严厉的惩罚，不但会使孩子变得胆小、怯懦，还会使孩子缺乏宽容心。

### 3. 不把孩子当"出气筒"

现代社会，生活压力越来越大，身心疲惫的我们难免会有负面情绪。面对孩子，如果父母都无法很好地控制自己的负面情绪，就容易把这些情绪转嫁到孩子身上，把孩子当"出气筒"，对孩子释放自己的不满情绪，这对孩子来说是极其不公平的。孩子平白无故地受到父母的责骂，心里的委屈可想而知，时间久了孩子就会变得内向，变得反叛，更有可能影响孩子的一生。

想一想

　　你因为什么事打骂过孩子？你是否因此而后悔？假如能够重来，你会怎么做？

## 合理地运用鼓励，孩子需要被肯定

哲学家詹姆士说过这样一句话："人类本质中最殷切的要求是渴望被肯定。"纯真无邪的孩子更是如此。当孩子得到父母的肯定，他就会对自己更加充满信心，父母经常用肯定的语气鼓励孩子，让孩子获得成就感，孩子就会更加积极向上。

去年暑假，我带女儿到北海度假。一个午后，我和女儿在海边玩耍，一个年轻的妈妈也带着她两三岁的儿子在海滩上玩，儿子很喜欢沙滩上的贝壳，于是捡了好几个花色不一的贝壳，兴奋地拿给妈妈看："妈妈，你看我捡的贝壳漂亮吧！"

"你捡的这些小贝壳有什么好看的，你看，满手都是沙子，真是个脏娃娃，赶紧洗手去。"妈妈瞟了一眼孩子手中的贝壳，一边对孩子的"贝壳"不屑一顾，一边继续盯着自己的手机。

　　孩子眼中的欣喜瞬间就没有了，很不高兴地将手中的贝壳扔掉，然后跟着妈妈一起去洗手了。这位妈妈也许并不知道，自己的做法已经打消了孩子的积极性，可能孩子从此以后都不会有积极探索的兴趣了。

　　假如这位妈妈当时这样回答儿子："哦，真的很美呢，形状、颜色我都很喜欢。宝贝，你真有眼光，可以把它做成一串项链送给我吗？"相信孩子听了妈妈的话一定会满心欢喜，更加积极地去探索新的事物。

　　在孩子在成长的过程中，父母的鼓励和赞扬是不可缺少的养分。经常获得肯定和赞扬的孩子，努力进取的积极性更高，他们的自觉能力更强，更有毅力去坚持做一件事，从而更好地发挥自己的潜能。

　　假如孩子画了一幅画给你看，尽管他的那幅画有点糟糕，而且此时的你也有自己的事情在忙，但是你最好抽出几分钟来欣赏一下孩子的画作，并用真诚的语言去鼓励他："画得真好，尤其是这座山，看起来真是巍峨壮观，哇，这山顶的太阳只有一半，它是被山给吃掉了吗？这落日真的很逼真呢，我家宝贝真棒！"这样的话语不但肯定了孩子的劳动成果，树立了孩子的自信心，还维护了孩子对画画的热情，我相信，有了父母的肯定，孩子会对画画更加感兴趣。

他人的良好评价和赞扬可以让孩子获得成功的喜悦感，从而为自己树立自信心，相信自己能取得更大的成功，在这种良性暗示下，孩子会更加努力。鼓励和肯定并不会花费我们太多时间和精力，却会带给孩子很多东西，它是一种能量，可以让孩子变得自尊、自信，更加积极向上。所以，作为父母，何乐而不为呢？

另外，需要提醒的是，鼓励孩子最好不要永远只说"你真棒"，这并不算真正的鼓励，真正的鼓励需要言之有物，需要对具体的事项进行鼓励，让孩子看出你的真诚，而不是敷衍地说"你真棒"。

**想一想**

你是否打击过孩子的自信心？如果以后遇到相同的情况，你会怎么做？

# 【实践篇】如何克服向孩子妥协的心理

为了快速让孩子停止哭闹，大多数父母都会采用最为快捷、省事的方法——向孩子妥协。这样的方式虽然能在短时间内摆脱孩子的纠缠，却会让孩子变得更加自私、任性，以自我为中心。下面一些行之有效的方法，可以帮助我们摆脱因贪图便捷，而总是向孩子妥协的心理。

## 1. 和孩子一起制定新的规则

选择一件我们最容易向孩子屈服的事，如看电视这项权力之争。孩子是否会毫无节制地看电视，而我们总是为此屈服？如果是，我们需要制定一些新的规则，然后告诉孩子我们的要求，并征得孩子的同意。比如，每天只能看半个小时的电视，每次只能看十五分钟。

## 2. 严格执行你所定的规则

当我们和孩子一起制定好这个规则之后，我们需要坚定地执行下去，不能轻易地打破它。比如，当我们忙着工作的时候，为了不让孩子打扰，我们就允许他毫无节制地看电视。再如，当孩子拒绝关电视的时候，为了安抚哭闹不止的他，就额外允许他多看一会儿电视。这些做法都是不可取的，我们需要严格执行，除非特殊情况，绝不妥协。

## 3. 为孩子树立一个好榜样

言传不如身教，如果我们是一个遵守规则的人，那么孩子在很大程度上也能成为一个遵守规则的人。家庭教育千万不要双标，如果我们限制了孩子看电视，自己最好也要遵守这个规则。

## 第三章

# 基因虽强大，后天的养育方式更重要

## ——0~3岁是孩子大脑早期发育的黄金时期

为了让孩子赢在起跑线上，我从怀孕开始就精心地做胎教。我买来专门的胎教耳机，每天给孩子放胎教音乐，认真地跟肚子里的孩子说话。孩子出生之后，我给她买早教机、益智玩具、iPad，并且下载了各种育儿类应用软件，孩子一岁多的时候就给她报了早教班……但是，这些投入真的能让我的孩子更加优秀吗？

——玛丽

世界上大多数父母都会对孩子抱有很高的期待，作为父母，都会尽自己最大的努力让孩子拥有一个好的人生起点，帮助他们成为更加优秀的人才。但是，我们该如何做才能更加有效地促进孩子大脑的发育呢？孩子又是如何学习的呢？有什么办法可以帮助孩子挖掘潜能吗？你想要的答案本章都会告诉你。

# 与孩子一起"开发"他的大脑

不可否认，人的大脑跟基因遗传有很大关系，基因对人的个性和智力有很大的影响。但是，先天遗传固然重要，后天的大脑开发方式更为关键。

基因遗传虽然会让孩子继承父母身上的一些特质和性情，但是他成长的环境和父母的养育方式则决定了他最终会成为什么样的人。一个孩子的成长经历和人际关系会刺激并塑造他的大脑，正如《全脑教养法》中所说的："发生在我们身上的每一件事都影响着大脑的发育方式。"

作为父母，我们要在孩子脑部发育的关键时期，为孩子塑造一个健康的成长环境。这不仅决定孩子的脑部结构和反应的快慢，还决定着他将如何看待自己，看待这个世界，最终成为一个什么样的人，拥有什么样的未来。

其实，一个孩子对自己的认识和决定，以及对这个世界的认识和决定，都来自与父母的互动中。

很多人认为，几个月的小婴儿，除了吃喝拉撒，还知道什么？其实，婴儿并不是我们想象中的那样是一张白纸，事实上婴儿大脑的活跃度是成人的两倍。他会观察，也懂得思考，并有一套自己的认知理论。他能从父母的关爱与积极回应中了解到自己是否被爱，眼前的这个人是否值得信任，眼前的这个世界是否是安全的。可以这么说，父母塑造了孩子的世界，也塑造了孩子的大脑。

假如孩子在出生后的头几年，他的需要得不到父母的回应，经常受到虐待或忽视，这就很可能让孩子对自己和周围的世界产生错误的认识，他会觉得没有人爱自己，这个世界充满了威胁，他也就失去了与他人建立情感联结的能力，他的大脑中就缺乏健康、快乐的认知，也不会获得正面的、积极向上的品质。

"幸福的人用童年治愈一生，不幸的人用一生治愈童年。"或许，孩子的童年生活并不像我们想象中的那样快乐无忧，有时候，孩子也有恐惧和压力。如果孩子长期处于压抑的、不安全的生长环境，他们就不能放松地去学习各种技能。

所以，尽管婴儿的大脑可塑性极强，适应变化的能力也极强，但是，我们一定要抓住大脑发育的关键期为孩子提供爱和归属感，及时地回应他的所有需求，注意观察他的每一个情绪变化，随时让他感觉到自己是被爱的。

记住，发自内心地养育你的孩子，提供孩子真正需要的东西，这对孩子的大脑发育和开发至关重要。

**想一想**

你要如何做才能给孩子塑造一个安全的成长环境，给孩子一个健全的大脑，健康的人生呢？

# 与孩子建立情感联结

人的一生都在学习，一个婴儿在出生后的第一年，最重要的学习任务就是与他人建立安全的依恋关系，正是这种依恋关系，让孩子能够学习，并与他人发生联系。所以，父母在孩子出生后的第一年，最重要的任务就是和孩子建立情感联结，使孩子形成信任感。

"哭声免疫法"和"延迟满足训练法"曾经风靡一时，此教育方式起源于西方，其核心思想来源于行为主义创始人约翰·华生。约翰·华生是美国社会学家，1928年约翰·华生出版了《婴儿和儿童的心理学关怀》一书，在这本书中，约翰·华生提倡建立程序化育儿体系，把孩子当作机器一样训练、塑造和矫正。

对于自己的这套育儿体系，约翰·华生深信不疑，并且胸有成竹地说："给我一打健全的婴儿，把他们带到我独特的世界中。我可以保证，在其中随机选出一个，训练成为任何我所选定的任何类型的人物——医生、律师、艺术家、商人，或者乞丐、窃贼，不用考虑他的天赋、倾向、能力、祖先的职业与种族。"

但是，事实真的是这样吗？约翰·华生的孩子正是用这种教育方式养大的，无比讽刺的是，他的孩子都没有成为对社会有用的人才。相反，他们都患有严重的心理疾病。

一个婴儿最基本的需要就是关爱和满足。婴儿在有需要的时候，他会想方设法吸引大人的关注，从而获取自己的需要。比如，饿了要喝奶，渴了要喝水，尿布湿了要换新的，困了需要温暖舒适的床……婴儿需要得到大人最好的照顾和关爱，他希望在他哭闹的时候能够得到及时的安抚，如大人的拥抱和抚摸，温柔的声音，以及像阳光一样温暖的慈爱眼神。

假如一个婴儿的基本需要得不到及时的满足，他的恐惧和愤怒就会增加，甚至他会感到绝望和无助，一个常常被忽视的婴儿，会对他的看护人和生活环境形成一种不信任感，这会严重地阻碍婴儿正常的成长和发展。

假如我们接收到孩子需要帮助的信号，及时地给予孩子一些帮助，满足孩子的需要，让他感受到我们的关爱，从婴儿时期起他就会在心里形成"我可以信任你"的想法，他也会从我们对他的态度中学会付出，学会爱。

当然，满足婴儿的需要并不等于是溺爱，我们需要的是彼此适应，你需要做一些适当的改变，但是也不能一切都围着他转，完全忘掉自己的生活。我们要找到和他之间的一个平衡点，如此，方能既不忽视孩子的需要，又不过度关心孩子，埋下溺爱的苦果。

**想一想**

你与孩子建立了安全的依恋关系吗？你的孩子是否无条件地信任你？

## 如何有效地促进孩子的大脑发育

神经学家研究发现，0~3 岁是孩子脑部发育的黄金时期。婴儿大脑发育未成熟，可塑性较大。这时健全、良好、丰富的环境刺激可以充分激活神经细胞，促进大脑结构和整个功能的发育，建立高度复杂、功能强大的网络。

那么，在这个阶段，父母该如何做才能更好地促进孩子大脑的发育呢？

对于一个刚刚出生的小婴儿，最重要的就是给他塑造一个安全舒适的环境，这时我们不妨"以孩子为中心"，及时地满足他的任何需求，对他的每一个动作都给予及时的回应。除此之外，我们还应该经常给予孩子抚摸、按摩和拥抱，记住，任何肢体的接触都能更好地传递你对孩子的爱。

当然，说话也很重要。在他醒着的时候，我们可以给他读书、给他放音乐、和他聊天，虽然对于一个小婴儿来说，他并不能理解我们给他讲了一个什么故事，我们说的话是否有趣。但是，我们的自说自话却会刺激孩子的大脑，促进孩子语言能力的发展。

比如，在换尿布的时候，你可以告诉他："宝宝，妈妈要给你换尿布了。"哺乳的时候可以征求他的意见："宝贝，你饿了吗？我们现在吃奶，可以吗？"洗澡的时候可以说："洗干净了小肚子，我们现在要搓搓小胳膊了，哇，宝宝变成了干净的香宝宝喽。"

每天重复地说相同的话对我们来说肯定很乏味，但是对孩子的脑部发育来说相当重要，对小孩子来说，他们正是通过不断地重复来进行学习的，这就是孩子为什么喜欢反复看一本书、一部动画片的原因。当我们对一遍又一遍讲给孩子同一个故事感到不耐烦的时候，请记住，我们正在塑造一个健康的大脑，这样有什么理由失去耐心呢？

这个阶段还应该多带孩子去户外走一走，让他感受花儿的芬芳、鸟儿的鸣叫、小溪的流水声，这会使宝宝的视觉、听觉、触觉、嗅觉等感官更加敏锐。给他感知不同的东西，多教他认识具体的实物，比如，一路上看到什么都告诉他这是什么，那是什么，让他产生丰富的认识。

对还在发育的大脑来说，音乐的力量也不容忽视。尽管孩子还无法分辨他听到的是古典音乐还是钢琴曲，抑或是活泼欢快的儿歌，但是那些旋律和节奏却会对他的大脑产生积极的影响。我们会发现，孩子会跟着音乐的节奏蹦蹦跳跳，小脑袋也会跟着旋律轻轻摇摆。值得提醒的是，尽管我们没有优美的歌喉，我们依然需要亲自唱歌给孩子听，没有什么能替代你的声音。这样，慢慢地我们的孩子就能跟你一起咿咿呀呀地哼唱那些歌曲了。

最后，我们需要帮助孩子养成良好的睡眠习惯。不健康的睡眠习惯不仅影响身体素质，还会影响大脑的发育。长期睡眠不足的孩子容易注意力不集中，记忆力差。英国伦敦大学研究表明，如果没有相对固定的睡觉时间，或睡觉时间晚于 21 点，儿童在阅读、算术等方面的成绩会比较差。此外，孩子的反应能力、空间认知能力也会有所降低。

　　总之，要想帮孩子塑造一个健康的大脑，我们需要用心地陪伴孩子，在以后的时间里我们会发现，在孩子出生后的头三年，我们的每一份付出，都会有意外的收获。

---

**想一想**

　　你会经常跟孩子聊天吗？孩子最喜欢听你讲什么故事？即使五音不全，你依然会给孩子唱歌吗？

# 培养孩子的语言能力和沟通能力

对于父母来说，孩子的每一次变化都会让我们欣喜不已，其中最让我们热切期望的应该是孩子的第一次说话。即使我们忘记了很多与孩子之间的细节，我们也不会忘记孩子发出第一个音节是什么时候，尽管孩子的发音可能并不是很清晰。

语言能力和其他能力一样，也有个体差异，有的孩子学习得快，有的孩子学习得慢，通常情况下，这都是正常的。但是，你要知道，孩子学习语言的最好方式，就是有人经常在他的耳边说话。

有朋友向我抱怨说她儿子都快三岁了还不怎么会说话，我说有的孩子说话晚，这很正常。我告诉她，平日里要多跟孩子说话，看到什么就说什么，久而久之，孩子就会表达了。

朋友听了我的话，眉头一皱说道："我哪有时间管他，每天都忙得很。"

"这并不会浪费你的时间，即使做家务的时候你也可以跟孩子说话。打扫卫生时你可以跟孩子说你在打扫卫生，洗菜的时候你告诉孩子你在洗什么菜……"

"是吗？我好像真的只是闷头自己干活，很少跟孩子说话，总觉得孩子还小，跟他说了他也不懂。"朋友如此说。

其实，跟一个几个月大的孩子说话，并不是期待他能懂你在说什么，也不是想要他能给你帮什么忙，而是让他的耳朵习惯语言，孩子就是通过这种方式来学习语言的。

　　语言能力对孩子思维能力的发展至关重要，孩子学习语言能力的最佳方式就是与人交谈。作为父母，千万不要以忙碌为借口而忘记与孩子的对话和互动。所以，请不要在你做家务或者工作的时候把孩子放在电视机前，孩子或许会跟着电视节目学习一些词语，但是他不会跟着电视学习语言，语言是需要思维塑造的，它来自于真正的对话和互动。

　　三岁之前是孩子语言学习的重要阶段，你需要给孩子提供学习语言的好时机。那么，我们应该怎么做呢？

### 1. 多和孩子说话

　　让孩子多听听我们的声音，喂奶的时候我们可以跟他说："宝贝，我们是不是饿了呀，现在我们要吃奶了哦。"换尿布的时候我们可以说："该换尿布了哦，干干爽爽才会更舒服哦。"我们可以随时随地地跟他说话，孩子最喜欢听妈妈的温柔低语。

### 2. 耐心地等待孩子回应

　　我们要给孩子对话的机会，即使最开始他的回应可能只是一个手势。我们要有足够的耐心，当孩子想要表达自己的需要时，他可能一时之间不知道该如何说，这时我们要忍住想要替孩子说出这句话的冲动，也不要在他表达出自己的需要之前，就用自己的"聪明才智"满足他的需要。相反，有时候我们还可以表现得"笨"一点。比如，孩子想要苹果，当孩子用手指的时候，我们可以给他拿苹果旁边的杯子，反复几次错误之后，我们可以恍然大悟："哦，原来宝宝不是要杯子，而是要苹果啊。"几次之后，孩子可能就知道什么是杯子，什么是苹果，他还能弄明白一个道理：说出"苹果"这两个字，比用手指更容易让人理解。

### 3. 大声唱儿歌和朗读图书

给孩子唱简单的童谣，大声地朗读图书，是帮孩子学习语言能力和加强孩子创造力的最好方法。没有哪个孩子不喜欢听故事，因此我们可以每天花一些时间，给他读故事，我们要把自己当成书中的角色，用他们的语气来朗读，各种声调的变换会让孩子觉得更有意思，我们也可以鼓励孩子这么做。时间长了，我们会惊喜地发现，即使孩子一个字也不认识，但是他能记住书上所有的文字和发音。

**想一想**

你的孩子发出的第一个音节是什么？这件事发生在什么时候？他先喊"爸爸"，还是先喊"妈妈"？你是如何帮助孩子发展语言能力的？

# 谁动了孩子的创造力

父母都希望自己的孩子富有创造力，但是创造力往往伴随着麻烦出现，富有创造力的孩子往往是麻烦的制造者，而父母看见孩子制造麻烦时，往往给予孩子的不是鼓励，而是呵斥。

去年年底，我们搬进了新装修好的家，然而精心装修的家却在短短的几个月内就惨遭女儿的"荼毒"。那段时间，两岁的女儿迷上了画画，一时之间，墙上、沙发上、地板上、就连餐桌上都是女儿的涂鸦，又粗又黑的马克笔在家具上留下各种印迹，很难清除。

看到精心布置的家被女儿弄得一片狼藉，虽然心里不舒服，但是我和先生都没有阻止孩子继续制造麻烦，反而在她每一次骄傲地给我们看她的画作时，及时地给予鼓励和赞美，虽然她的画，的确看不出有什么天赋：那个被她叫作电视的东西，其实是一个并不太规整的长方形；几条像蚯蚓一样扭曲的线，她说是小河；瘪的，圆的，椭圆的，各种小小的圆圈都说是泡泡；其中画得稍微像样的还是棒棒糖，一个大大的圆，下面还有一个弯弯扭扭的棍子支撑着，用大人的眼光来看，其实更像是飘浮在空中的气球……

似乎每一个孩子都有喜欢在墙上乱画的某个阶段，大多数父母都不会忍受孩子的这种"破坏"行为，毕竟谁都不愿意看到原本干干净净的白墙被画得乱七八糟。所以，当我们看到孩子乱涂乱画的时候，就会习惯性地大声喝止，更别谈欣赏孩子的创作了。假如孩子骄傲地给我们介绍他的创作时，我们如果不屑一顾地说"都画的什么乱七八糟的东西，好好的墙被你画成这样"，孩子就会非常失望，或许以后，他再也不愿画画了。

其实，孩子的涂涂画画中孕育着最初的创造力，无论孩子是在墙上胡乱涂画，还是拆掉新买的玩具，这都是孩子创造力的一种表现，假如我们把孩子的这种行为当作搞破坏，并努力地想要去制止他，那么，你的这种行为就是正在破坏孩子的创造力。

　　假如孩子在好奇心的驱使下弄坏了东西，即使那件东西很珍贵，也不要严厉地惩罚孩子，更不要打骂孩子，我们不妨对孩子说："请跟我一起来把它修好，好吗？"相信孩子一定会很乐意帮你这个忙。在修理的过程中，我们正好帮助孩子好好"研究"这个东西，如此，不但满足了孩子的好奇心，还保护了孩子的创造力，更锻炼了孩子的动手能力。

　　创造力是婴幼儿时期最宝贵的东西，作为父母，我们要保护好孩子的创造力，千万不要去扼杀孩子的"创造力"。

　　**想一想**

　　生活中，你的哪些行为破坏了孩子的创造力？

## 不要给孩子设定标准答案

　　记得小时候的课本里，老师只是告诉我们弯弯的月亮像小船，圆圆的月亮像银盘，所以我们想象不出月亮还有其他样子。当女儿第一次跟我说弯弯的月亮像香蕉的时候，我稍微迟疑，差点脱口而出："宝贝，你错了，月亮怎么会像香蕉呢？"幸好，在造成错误之前，我忍住了。

　　大人总是在不知不觉中创造出"追求标准答案"的教育氛围，在这样的氛围里，孩子的思想被正确答案禁锢，表达欲望也会大打折扣，这样何谈想象力？孩子的思维方式和大人千差万别，很多时候，他们会以我们意想不到的方式输出信息，我们会发现他们比我们更有想象力。有个早教中心的朋友曾给我讲了一个这样的故事。

　　朋友是一个负责儿童绘画启蒙的老师，三岁的安娜正是她的学生。有一天，安娜的妈妈陪安娜一起上课，安娜把自己的绘画作品拿给妈妈看，并告诉妈妈她画了一个大苹果。妈妈看到安娜的画，不禁皱起了眉头，那幅画上明明画着一个四四方方像砖头一样的东西，她觉得有必要改正孩子的错误，于是对安娜说道："安娜，你画的可不是苹果，世界上没有方形的苹果！"安娜听了妈妈的话，小脸一下就耷拉了下来，倔强地说："这就是苹果。"

　　朋友看到这一幕，赶紧来到安娜的身边，蹲下身子，柔声对安娜说道："安娜，老师可以看看你的画吗？"安娜看着老师，怯怯地把画递了过去。朋友握着安娜的手，说道："安娜，你吃过苹果吗？苹果是圆形的还是方形的？"安娜点着头，用稚气的声音回答道："我吃过啊，妈妈每次都会给我切一大盘，老师，我没有画错，切好的苹果就是方的。"

　　朋友不禁失笑，摸着安娜的脑袋说道："安娜真是个懂得观察的孩子，你画的苹果真棒！等你长大了，你也要帮妈妈将圆圆的大苹果切成方苹果，好吗？"听了朋友的话，安娜甜甜地笑了。

　　年幼的孩子的大脑思维具有天生的自由易塑的个性，因此他们的想象常常天马行空。在孩子的世界里，很多问题是没有标准答案的，其实，孩子稀奇古怪的想法就是想象力和创造力。

所以，为了保护孩子大脑的创造力，我们最需要做的不是直接给孩子设定标准答案，而是鼓励孩子用自己独特的方式表达自己的想法，从而更有效地开发自己的大脑。

**想一想**

你的孩子有过哪些奇怪又荒谬的想法？当你听到他的那些想法时，你是怎样的态度？

## 放下教育的目的性

在日常生活中，我们做很多决定都是以目的为导向的，教育孩子也是如此。因为作为孩子的父母，我们太清楚什么东西对孩子好，什么东西对孩子不好，于是我们习惯了替孩子做决定，用成人的思维去要求、控制孩子："你选的那个玩具车颜色不好看，又不会变换其他的形状，你看，妈妈选的这个变形金刚多有意思，它还可以变身哦，我们买这个吧，听妈妈的没错。""宝贝，那个绘本真无趣，你看这本《唐诗三百首》多好，每天背一首，等你上幼儿园的时候，你就能背完整本书了，其他小朋友肯定很崇拜你。""积木是这样搭建的，你可以把它做成各种形状，而不是把它装在卡车里，来，妈妈教你"……

事实上，有目的地去教育孩子，往往会适得其反。孩子的大脑正处于生长发育的阶段，没有思维定式的限制，在想象力和创造力这些方面他们远超大人，这些看似正确的教育方法，都是在阻碍孩子大脑的潜能开发。

某天，我陪女儿在楼下散步，碰上同一单元的一位妈妈。她的孩子与我女儿同岁。两个孩子在一边玩耍，我们则在一旁闲聊。

"你家孩子喜欢玩积木吗？"这位妈妈问我。

"喜欢啊，我家孩子对很多玩具都是喜新厌旧，唯独对积木情有独钟。"我回答。

"我家孩子不喜欢玩。"这位妈妈看起来有点沮丧。

"积木的玩法最具变化性，每天都能发现一种新的玩法，很少有孩子会玩腻啊？"我有点疑惑。

"是啊，我也是听说积木可以帮助孩子开发大脑，锻炼孩子的创造力和动手能力，所以很早就给孩子买了。但是他根本不喜欢玩，他总是喜欢把积木装在他的玩具车里，像货车司机一样到处运送，装了卸，卸了装，或者找个地方把它们藏起来，每次打扫卫生都能从家里的各个角落里找到几块积木。从买来到现在，他没有搭建出一个造型。"这位妈妈满脸愁容地说。

事实上，我们总是会像案例中的这样自以为是地误会孩子。

的确，积木可以千变万化，搭建出各种造型，它的意义就在于锻炼孩子的大脑，但是，这并不意味着除了搭建造型之外，其他玩法就是错误的。其实，没有所谓的正确玩法，父母任何粗暴的干涉都对孩子的大脑发育没有益处。

现在社会，人人都在焦虑，我们对教育也同样感到焦虑，为了让孩子不输在起跑线上，父母和孩子一起身不由己地往前赶。由于竞争的残酷，教育的目的性也越来越强，我们认为一切与人生那条"标准道路"无关的事都是在浪费时间，浪费精力。就像上文所提到的妈妈，她认为积木可以锻炼孩子的大脑，让孩子变得更加聪明，于是就买了积木，孩子不按说明书上的方式去玩就是"不务正业"。可以说，她需要的是一件可以让她的孩子变得更加优秀的工具，而不是能给她的孩子带来快乐的玩具。事实上，这样目的性极强的教育方式，并不能让她的孩子变得更优秀，更聪明。

所以，我们最应该做的就是放下教育的目的性，根据孩子的天性，让他发挥自身能力，创造属于自己的独特"作品"，这才是正确地教育孩子，开发孩子大脑的有效方式。

**想一想**

你也会教育焦虑吗？你是否已经为孩子报了各种早教班、培训班？

## 接纳孩子的个体差异

教育孩子没有固定的标准，因为每个孩子天生就有自己独一无二的性格特征，我们无法要求孩子能够跟"别人家的小孩"一样。性情没有好坏之分，也不存在谁对谁错，他们只是不同而已。

为什么父母都喜欢用比较的方式教育孩子呢？其实并不是"别人家的孩子"在他们心中有多么优秀，而是希望通过比较，让孩子认识到自己的缺点，从而改正自己的不良行为，成为一个与别人家的孩子同样优秀的人。

虽然父母的出发点是为了孩子好，但却给孩子造成了巨大的伤害。父母经常拿孩子的缺点和别人的优点做比较，容易让孩子产生一种自己什么都不行的错觉。这对孩子来说不是激励，而是着辱。长久以往，不但无法激起孩子的积极性，反而会让孩子越来越自卑。

父母在教育孩子的时候，完全可以不用强调"别人家的孩子"，只要引导孩子做得更好就可以了。

任何人都有自尊，孩子更是如此。父母应该注意，在家庭教育中切不可老提别人家的孩子了。鉴于此，作为父母，我们应该努力做到以下几点。

## 1. 接纳孩子间的个体差异

世界上没有完全相同的两片树叶，也没有完全相同的两个人。有的孩子长得快，有的孩子长得慢；有的孩子吃不胖，有的孩子喝水都长肉；有的孩子天资聪颖，有的孩子迟迟不开窍；有的孩子顽皮好动，有的孩子文静乖巧……作为父母，我们应该接纳孩子之间的个体差异，要明白孩子个性的形成往往开始于与别人的差异，差异并不等于差距。父母应该尊重这种差异，根据孩子的特点，给予正确的引导，帮助孩子取长补短，让孩子变得越来越优秀。

## 2. 用欣赏的眼光看待孩子

生活中很多父母不懂得尊重孩子的个体差异，总喜欢拿自己孩子的缺点和别人家孩子的优点相比，这种做法无异于拿别人家孩子的优点来羞辱孩子，这样不仅会伤害孩子的自信心，还会让孩子误认为父母喜欢别人家的孩子，不喜欢自己。如此，孩子的内心会十分惶恐，严重缺乏安全感，甚至孩子会变得越来越焦虑，产生被遗弃的感觉。

所以，作为父母，我们为了孩子的健康成长，请永远不要拿别人家的孩子和自己的孩子做比较。我们要用欣赏的眼光看待孩子，让孩子知道他在我们心中永远是最棒的，不管什么时候，发生什么事，父母都无条件地爱着他。

### 3. 孩子成长的路上，父母更应该修炼自己的耐心

当孩子与其他孩子有差异时，父母千万不要揠苗助长。

孩子就像花朵，花期有长有短，有早有晚。作为父母，我们不要艳羡别人的鲜花已经怒放，我们的花还只是一个花骨朵。只要你精心守护这朵花，总有一天，他会绚烂绽放，会让我们感到骄傲的。

> **想一想**
>
> 如果你的孩子与你的期望不符，你是否有耐心等待孩子的成长，并为他提供鼓励？

## 合理使用"电子保姆"

朋友最近总向我抱怨，说自己每天带孩子，陪着孩子玩，好不容易等老公下班了，想着老公能陪孩子一会儿。可是，老公嘴上答应陪孩子玩，转身就把孩子扔给电视机了。

朋友说老公两句，老公还振振有词地说："我给他唱儿歌与电视给他放儿歌有什么区别？再说了，电视机唱得比我这个五音不全的人好多了。"

其实，朋友老公的这种做法在其他父母身上也很常见。

现代社会电子产品充斥在我们生活的方方面面，当电视机、手机、iPad等电子产品进入我们的生活，各色各样的节目，各种各样的游戏，将孩子的目光牢牢吸引在电视机和手机跟前时，只要打开电视，丢个手机或者是平板电脑就能瞬间"稳住孩子"。

于是，大多数家庭也都把这些既省心，又安全的"电子保姆"当成了带孩子的好帮手。

育儿专家专门针对0~3的幼儿进行了家庭调查，结果显示，幼儿使用电子产品的比例高达80.4%，也就是说，大部分父母会让孩子使用智能手机，或者是看电视。当今社会，生活节奏快，工作压力大，致使很多父母都没时间带孩子，即使是自己带孩子，为了让孩子安静下来，不淘气、不缠人，也会把孩子交给电子产品，只要孩子不吵闹就可以。

然而，儿童心理学专家研究表明，0~3岁是孩子大脑飞速发育的关键时期，是人一生中最特殊的成长阶段。如果长时间让孩子独自看电视，大人不与之交流，不仅容易造成孩子语言能力发展迟缓，还会使孩子的探索能力和想象力受到局限，严重的还会导致孩子自闭。

让孩子经常看手机或电视、电脑等电子产品，不仅影响孩子的视力，使孩子减少了户外活动以及与大人的互动，还可能会导致孩子从小沉迷网络。危害很多人都能意识到，但并没有给予足够的重视，或者因为自身忙碌、懒惰等原因，依然把孩子交给"电子保姆"。

其实，父母的用心陪伴，才是有温度、有质量的陪伴，孩子的成长只有一次，让我们从现在起，做合格的父母。以下几点可以减少电子产品对孩子的危害。

## 1. 走出家门，多带孩子户外活动

室外活动不仅可以减少孩子看电视，玩电子产品的机会，还能增加孩子的运动量，从而增强孩子的体质，有利于身体健康。经常在开阔的空间能够避免孩子的视力下降，户外活动也可以保护孩子的视力。

除此之外，户外环境相对于室内来说不确定因素太多，父母必须用心陪伴，才能保证孩子的安全。从某一个角度来说，户外活动可以迫使家长用心陪伴。

## 2. 让孩子适当看电视，家长要认真陪同

孩子适当地看电视，有助于孩子认知能力的发展，对孩子智力发育有促进作用。假如孩子在看电视的时候，父母亲能陪伴在孩子身边，并且适时穿插亲子间对话，十分有助于孩子的语言理解能力和运动发育潜能。

如果想让看电视达到培养孩子的效果，家长应在孩子看电视时注意陪伴和选择。首先，父母要选择好的、适合的电视节目陪孩子一起观看；其次，要陪孩子一起分享、交流，使电视不仅成为孩子的陪伴者、益友，帮助孩子在认知方面的成长，更能成

为亲子沟通的最佳途径；最后，家长还要陪孩子用喜爱的动画人物，以角色扮演的方式，加以引导孩子。

另外，除了陪孩子一起看，我们还要严格地控制看电视的时长。为了减少看电视的时长，父母可以陪孩子一起看一次，然后再作为背景音乐放一次，陪孩子自由地想象，猜测情节，可以培养孩子的想象力和专注力。

**想一想**

在养育孩子的过程中，你是不是也喜欢依赖"电子保姆"？你认真考虑过长期沉溺于电子产品对孩子的危害吗？

## 【实践篇】关于早期教育，你需要注意的问题

现在的父母都很重视孩子的早期教育，越来越多的早教班也应运而生，但在进行早教的过程中，由于我们对早期教育知识的缺乏，往往使我们进入误区。下面我们就谈谈早期教育需要注意的问题。

### 1. 不要超前教育

对孩子大脑的任何刺激都必须顺应大脑发育的客观规律，任何违反大脑发展规律的教育都是不可取的。很多早教班摸准了父母"望子成龙，望女成凤"的心理，会设计一些不符合孩子能力和理解能力的超前教育课程，这无异于揠苗助长。过早、过量、过速和失衡的刺激，不但会扼杀孩子的天性，还会让孩子产生挫败心理，认为自己很笨。如此，孩子不但体验不到学习的乐趣，

还会产生厌学情绪，对孩子的一生都有很大的影响。

## 2. 情商比智商更加重要

很多父母对孩子的早期教育往往只注意开发孩子的智力，而忽略了孩子的感情发展，事实上，对于人的一生来说，情商比智商更重要。0~6岁是情感发展的关键时期，也是情商培养的最佳时期，如果父母抓住了这个机会，像注重智商发展那样注重情商发展，会让孩子受用终生。

## 3. 注重生活自理能力的培养

培养孩子的生活自理能力也是早期教育的重要任务之一，帮助孩子学会该年龄段应该掌握的生活技能和社会技能，有助于培养孩子的自主性和主动性，让孩子获得价值感和能力感，对孩子之后的自主独立非常有帮助，同时也会帮助孩子形成积极健康的个性。

## 4. 不要抱太高的期望

我们应该降低对孩子的期望值，对婴幼儿的苛求、急躁、强制除了会给孩子带来心灵的创伤之外，并不能教会孩子任何技能。早期的教育就像一把双刃剑，一定要谨慎且适度，接纳孩子的个体差异，并因材施教。

## 第四章

# 教养的首要目标是"自立"

## ——学步期的孩子也渴望"征服世界"

我的孩子刚满两岁，但却是一个非常有主意的孩子，她总是不受我支配，做什么事情都想自己来，即使很多时候我真的需要赶时间，依然要耐着性子等她五分钟扣完衣服的一颗纽扣。为此，她给我制造了许多麻烦，想整理房间，反而把房间弄得乱七八糟；想洗碗，每天都把碗碟打碎；她甚至想帮我做一顿可口的早餐……我不知道该放手让她做自己想做的事，还是及时地阻止她，以免她给我制造更多的麻烦。

——琳达

对于孩子来说，他们真正的自我价值感并不完全来自于家人捧在手心里的爱和物质、他人的赞扬或鼓励，而是来自于拥有适应生活的各项技能和解决问题的能力。当孩子感觉自己拥有独立生活的能力时，他才会拥有为家庭和社会做出贡献的责任感，这对孩子的未来极其重要，也将决定孩子能否成长为一个对社会有用的人。

作为父母，我们需要满足孩子的需要，但更重要的是要让孩子学会独立，这正是我们教养孩子的意义。

## 培养孩子的自主意识

孩子最早的成长任务之一就是拥有自主意识，也就是孩子的自主性和主动性。孩子到了两三岁的时候就开始不听话，你让他乖乖吃饭，他偏偏到处乱跑；你让他早点睡觉，他偏偏精力旺盛地在床上跳来跳去；你说东，他偏偏往西，还经常和父母顶嘴、说反话、发脾气……总之，不管父母让他干什么，他总是习惯性地拒绝，说什么话都爱加个"不"字。这一切的变化都源于孩子自我意识的觉醒。

很多时候我们都会听到父母抱怨自己的孩子多么不听话，每当这时我就无比疑惑，难道这不是一件好事吗？难道你们希望自己的孩子毫无主见，没有自己的思想吗？

事实上，大多数孩子不愿服从父母的命令，是因为父母专横地剥夺了孩子自主选择的权力，不让孩子有机会做自己的判断。其实，作为父母，你最重要的职责就是帮助孩子发挥他与生俱来的力量，教会他解决问题的能力，帮助他学会各种人生技能。

　　我女儿两岁多之后有一个新的改变，那就是做什么都喜欢"我自己来"。兑奶粉的时候要自己兑，哪怕只是让她完成最后一个步骤——把奶粉舀进奶瓶里；洗脸的时候要自己洗，大多数时候嘴巴上的食物残渣都没有洗干净……能满足的我都尽量满足，尽管这些行为让我极其抓狂。有一天早上，我给女儿穿衣服的时候，女儿的那句"我自己来"又出现了。我当时就爆发了，大声吼道："什么都要你自己来，你自己行不行嘛？头都不知道从哪出来，你还自己穿衣服？"

　　看到我吼她，女儿眼泪一下子就流了下来，一屁股坐在床上伤心地哭了起来。我也意识到这件事儿是我做得不对，于是我把她抱在怀里，擦干她的眼泪说道："宝贝，对不起，妈妈刚才不该吼你。可是你还这么小，你根本就没有办法自己穿衣服啊，妈妈帮你穿好不好？"

　　"不好，我要自己穿。"女儿的倔劲儿上来了。

　　"那好吧，你自己穿。"我因为理屈，不再坚持。

　　女儿拿过衣服就往头上套，可是怎么也找不到领口在哪儿，急得哇哇大哭。我赶紧悄悄地伸手帮她把领口对准脑袋，然后用手轻轻一拉，小脑袋就伸出来了。看到自己从衣服里面钻出来，女儿用她的小眼睛看着我。我赶紧鼓掌，夸赞道："哇，宝宝自己会穿衣服了呢！你是不是觉得自己很棒？"

　　从那以后，女儿每天都要自己穿衣服，只有前几天需要我的协助，之后自己就会慢慢穿衣服了，后来她又学会了穿裤子、袜子和鞋子。如果不是因为女儿的要求，女儿的倔强，我可能不会相信一个两岁多的孩子能够自己穿衣服，我发现女儿从小在精细动作方面都表现得很突出。

　　现在想来，过度地帮助恰恰会让孩子失去锻炼的机会，丧失独立生存的能力，最后，孩子只会变成一个什么都不会的"寄生虫"。

　　一般来说，自主就是遇事有主见，能对自己的行为负责。大多数父母会觉得，孩子还是处于学步期的小婴儿，他怎么能独立支配自己的行为，并对自己负责呢？不可否认，让孩子拥有自主感会给我们带来一些新的挑战和麻烦，但是，对孩子的健康发展来说，拥有自主感非常重要。这将决定孩子是否拥有信心和能力，是否在将来有自己的理想和打算。

因此，在孩子出生后的头三年，父母不但要给孩子健康的依赖，还要培养孩子的自主感。

想一想

你的孩子第一次想要自己独立做一件事的时候，你是什么反应？你是如何回应孩子的？

# 加强孩子做决定的能力

　　法国著名教育家爱尔维修说过这样一句话："即使是普通的孩子，只要教育得当，也会成为不平凡的人。"这句话足以证明养育方式的重要性，所以，孩子最终会变成什么样的人，更大程度上取决于父母。在养育孩子的过程中，我们应该多给孩子创造一些自主选择的机会，有意识地去培养孩子做决定的能力，让孩子成为一个具有决策能力、辨别是非及有能力解决问题的人。

　　生活中，我们的教育目标常常是如何让孩子更加乖巧听话，却忘了去认真倾听孩子的需要，很多父母都喜欢将孩子的事情大包大揽，因此大多数孩子都缺乏自己做决定的机会和权利，更别说做决定的能力了。

　　那么，对于一个学步期的孩子来说，什么事可以由孩子自己决定，避免权力之争呢？

### 1. 不要剥夺孩子学习自己吃饭的机会

刚学会吃饭的孩子，他们会想要自己进食，这会让父母非常头疼，因为孩子总是把饭弄得满地都是，把汤汁洒一身，甚至会将饭碗打碎……这远没有你喂孩子吃饭来得省事。但是，请尊重孩子自己的选择，允许他自己练习，尝试，你只要为他系上围兜，提供一个餐椅即可。

### 2. 孩子有权力决定自己该穿什么

孩子可以自主选择自己该穿什么款式，什么颜色的衣服，你可以从中给予指导和建议，但是最终让孩子自己做决定。

我女儿喜欢穿裙子。夏天的时候，我完全尊重她的意见，每天都为她找出两套不一样的裙子供其挑选。记得去年入秋之后，天气转凉，某天早上迎来了第一场秋雨，女儿拒绝穿我为她找来的薄毛衫，坚持要穿裙子。

我首先肯定地说："我知道你喜欢穿裙子，但是今天下雨，天气转凉，裙子对你来说有点薄，这个毛衫厚薄适中，颜色也非常适合你，我建议你穿这套毛衫。当然，你坚持要穿裙子的话也可以，但你必须在外面套上一件风衣。"女儿听了我的话，欣然接受了我的建议，选择了穿毛衫。

别小看这一选择过程，它对孩子的帮助却很大。父母指导孩子选择的过程，其实也是在无形中训练了孩子的审美能力、判断能力、思维能力和沟通能力等。

### 3. 自己决定玩具是否与他人分享

对孩子来说，可供自己支配的东西很少。玩具对他来说是私有物品，他有权决定是否与他人分享。当孩子不愿将玩具与同伴分享时，父母不要强制他分享，更不要给孩子贴上"自私"的标签。如果孩子因为玩具与他人发生"战争"，父母不要着急进行干预，先让孩子自己去解决。

### 4. 决定自己是否午睡

从科学育儿的观点来说，良好的午睡习惯的确对孩子的成长有好处，但是我们也不必强迫孩子午睡。如果孩子精力旺盛，总是不断地想要爬起来，那么，不要强迫他继续躺在床上，只要不对他人造成影响，他可以自己决定是否午睡。

很多人觉得太有主意的孩子不好，甚至武断地认为有主意的孩子"不听话"。事实上，孩子太听大人的话，事事让大人拿主意，并非好事。我们应该尊重孩子的意愿，把他当成一个与我们平等的人，让他有自己的看法，并多给孩子创造做决定的机会，如此才能培养他做决定的能力。正如奥菲·康恩在《"小皇帝"的神话》中所说："孩子善于做决定的能力是从练习做决定中学会的，而不是从听话中学会的。如果我们希望孩子能承担起创造美好世界的责任，那我们首先应该赋予他们责任。"

**想一想**

你会给孩子做决定的权力吗？在哪些方面你与孩子会有权力之争？

## 鼓励孩子进行安全的"探索"

自从孩子进入学步期之后，从前那个只知道吃喝拉撒睡的"乖宝宝"就不见了，取而代之的是一个十足的"淘气大王"：即使还不会走路，依然会想方设法爬过去把那个神奇的抽屉打开，将里面所有的东西都掏出来，东瞧瞧，西看看，然后又一件一件地放进去，再把抽屉关上，然后又打开，将东西掏出来，又放进去，一遍又一遍地重复，乐此不疲；任何能发出声音的东西都会引起他的注意，把杯子、碗碟敲得乒乒乓乓响，这个时候，你必须做好监督，毕竟这是一件有点危险的事；对台阶情有独钟，爬上去，又爬下来，或者拉着你的手，颤颤巍巍地一遍又一遍地走；喜欢从高处往下跳，也喜欢钻进桌子下面，当发现衣柜那个躲藏的好地方之后，他可不管里面装着你刚洗干净的衣服，先钻进去再说……

孩子的这一系列淘气行为其实并不是他故意搞破坏，他只是对这个世界充满好奇，他在用自己的方式探索世界，这个时候，他的小脑瓜里充满了问题：

抽屉里为什么能放这么多东西？

杯子、碗碟是什么形状？

它们为什么会发出声音？

这个大大的柜子是干什么用的？

自己能不能钻进去？

这些问题都在"淘气"中一一找到答案。

但是，生活中没有哪个父母会纵容孩子的淘气行为，我们只知道孩子的这些行为存在一定的安全隐患，是极其让人头疼的。

所以，当孩子开始翻抽屉的时候，我们害怕抽屉将孩子的手夹伤，于是想方设法地去阻止孩子拉开抽屉；当孩子准备爬上台阶的时候，我们会吓得大声惊呼，一把将他抱下来，并告诉他摔下来会很痛，于是孩子再也不敢上台阶；我们会把橱柜、衣柜锁起来，让孩子再也找不到钻进去的"门路"……

当我们沾沾自喜地庆幸自己成功地阻止了孩子的"淘气"行为时，其实也阻止了孩子对空间的探索；当我们抹杀了孩子的好奇心的时候，其实也彻底地破坏了孩子的自我保护意识。

当我们习惯告诉孩子这个不能碰，那个不能动之后，孩子就习惯了"不能"，忘记了"能"，久而久之，孩子看到新事物，脑海里首先想到的就是"不能动"，他并不知道为什么不能动，也不知道究竟可不可以动，这对孩子的大脑发育是非常不利的。所以，在孩子探索的过程中，我们的正确做法是提前将危险的物品收起来，给孩子营造一个安全的探索空间。

"淘气"是孩子求知欲的表现，要知道，一切淘气行为都是好奇心在作祟。当孩子将抽屉里的东西翻出来，将物品推翻，将玩具藏起来时，如果我们把他的行为定义为"淘气"，并斥责他，那么他就不敢再去主动探索新事物。

如果孩子对某一件事特别感兴趣，你唯一要做的事就是支持他的好奇心，并适当地给予帮助。比如，发现孩子搬东西吃力的时候，及时地给予间接帮助，减少孩子的挫败感；发现孩子需要获得赞赏的时候，及时地给予赞美，增加孩子的积极性；发现孩子需要陪伴的时候，及时地给予回应，给他足够的安全感。

在安全的前提下，请允许孩子随意玩耍，自由走动，不要怕把房间弄得乱七八糟，没有什么比让孩子自由探索更重要，因为感兴趣的东西可以让孩子的大脑得到最佳的刺激。不要打扰他，更不要大声呵斥他。记住：对儿童自发性的活动，我们要最大限度地减少干预。

**想一想**

你会花时间去发现孩子对什么感兴趣，并为孩子创造探索世界的机会吗？假如孩子喜欢的东西具有一定的危险性，你会怎么做？

## 孩子也需要自己的时间和空间

　　父母全心全意的陪伴对孩子来说是世界上最美好的事，但是过度养育对孩子的自我发展未必是好事。

　　朋友的孩子小沐沐是家里名副其实的"小皇帝"，一家人全都围着他转。要喝水的时候，只要他喊一声，奶奶就会把水杯递到嘴边；当沙发有点高，小沐沐爬起来有点费力时，爷爷就会不失时机地托住他的小屁股，协助他爬上去；玩玩具的时候，妈妈全程拿着手机在旁边录像，生怕错过他的每一个瞬间，爸爸则时不时地指挥他应该怎么玩……可以说，小沐沐一直生活在大家的关注之下，他几乎没有自己的时间和空间。看似小沐沐的一切都被家长安排得妥妥帖帖，他要任何东西都唾手可得，毫不费力。可慢慢地，小沐沐变得越来越娇气，时刻都要求父母陪着，出门见了陌生人不敢打招呼，遇到困难就开始哭喊，寻求帮助，甚至大发脾气，面对新鲜的事物也不愿去尝试……在中国家庭里，像小沐沐这样集万千宠爱于一身的孩子有很多，可很多父母不知道，这种过度陪伴会影响孩子的成长。让孩子有独立的空间去感受、接触新鲜事物其实十分重要。

首先，对于孩子来说，大脑是通过一些感受来学习的，这种学习的先决条件就是要通过自己去感知和学习。比如，因为一块积木搭错了，导致已经完成的部分全部坍塌，孩子就会通过这次错误认识到这样搭建会导致前功尽弃，下次他就会试着避免错误的发生。在反复的试错中，孩子就会找到正确的方法。假如家长发现孩子的错误赶紧进行纠正，孩子就失去了这次学习的机会，在下次遇到困难时，他就不会自己思考解决问题的方法，他会习惯性地向你求助，时间久了，孩子的大脑就会"生锈"。

其次，孩子也需要独立的空间和时间。孩子刚刚来到这个世界上，他对一切都充满好奇，很多事物他需要自己去体验和感知。假如有蚂蚁在地上爬过，宝宝会好奇地蹲在地上观察，这个时候，你最好让宝宝好好研究研究眼前这个小生命，假如你大惊小怪地拉起孩子，然后说道："不要离它太近，小心它爬到你的身上，咬得你全身都是小疙瘩！"像这样干扰的次数多了，孩子便会对蚂蚁有这样的错误认知："不能看蚂蚁，它会咬我的，它是一个小怪兽。"久而久之,孩子就会失去研究蚂蚁的兴趣。

最后,总是处在家长的庇护下长大的孩子,会变成一个没有自主能力的孩子,他解决问题的能力会变弱,甚至会出现社交恐惧症,害怕与其他人发生联系,很难融入集体生活中。这对孩子的学习和发展极其不利。

我们的一切行为都要以孩子的需求为导向,假如孩子正在安静地鼓捣自己的玩具,研究自己的脚趾时,此时的他根本不需要我们在一旁指导他如何玩玩具,或者夸赞他的脚趾长得多可爱,我们只需要安静地在一旁做自己的事情,时刻留意他的安全即可。如果孩子想要爬上沙发,奈何有点吃力,假如孩子没有求助,我们大可不必主动伸手帮忙,或者武断地把他抱上去,我们可以偷偷地观察,孩子可能会给我们意外的惊喜。比如,在脚下放一个靠垫,有了这个"垫脚石",他爬上沙发就无比容易了。

所以,作为父母,我们应该知道,最好的陪伴就是在孩子需要我们的帮助时及时出现,对孩子给出的线索做出回应,留给孩子独立玩耍的时间和自己做主的空间,让他以自己的方式去活动、去探索。

只有放手让孩子自由成长,我们才会发现孩子会逐渐发生变化。比如,遇见问题时,他不再习惯性地求助于人,而是自己寻找方法解决问题;当遇到难题的时候,懂得发散思维,借助工具，最终达到自己的目的；想象力可能会更加丰富，创造力也变得更强，注意力也变得更集中。最重要的是，孩子能从小学会独处这种能力，对他未来的人生大有益处。

> **想一想**
>
> 你是否喜欢随时随地地入侵孩子的自由时间？如果你已经让孩子养成了依赖你解决问题的习惯，你该做哪些改变？

## 过度关心和保护孩子并不是好事

　　当孩子靠近热水器，准备接一杯水的时候，父母惊慌失措，大声制止："那是开水，烫到了怎么办？让我来！"然后接过孩子手中的杯子，帮他接了一杯水。

　　当孩子看见一只毛茸茸的可爱猫咪，正想蹲下身子去摸一摸，父母大惊失色，呵斥道："不要靠近那只小猫，它会用爪子挠你的，把你抓伤了怎么办？"然后将小猫赶得远远的。

　　当孩子要从一个台阶上走下来的时候，父母赶紧大步流星地走过去："你不要自己下台阶，摔下来怎么办？这太危险了！"一边说一边抱起孩子，把他放到安全地带。

　　生活中这样的场景不少，相信绝大多数父母都会有这样的做法，那就是不管孩子做什么，父母都会过度关心和加倍保护。即使孩子已经长大，也不放手。孩子决定自己去尝试的时候，父母会严厉地批评。父母的理由是："你还小，你不行"，"你这样做太危险了，伤到自己怎么办？"不管出于什么样的目的，父母传出的信息就是：你不行。当"你不行"在孩子心中扎根后，孩子做任何事都会没有信心，也会越来越依赖父母。

大多数父母都认为，爱孩子就要替孩子做好对他们来说很难，或者是很危险的事情。事实上，父母的这种爱，在孩子的眼中就变成了不信任。"你不行"这句话对于孩子来说就是否定，这会让孩子产生挫败感，从而认为自己是个没用的人，久而久之，孩子就会变成一个自我怀疑的人。相反的，我们要化否定为肯定，这样孩子在很多时候都会给我们一些意外的惊喜，有些我们以为孩子不会做的事，孩子不但做得到，而且还做得很好。

爱孩子，不是把孩子当作"温室里的花朵"一样保护，而是要让孩子学会经历风雨。作为父母，要相信孩子的能力，给孩子锻炼自己的机会，放手让孩子去做一些事情，如此，才能让孩子拥有独立生活的能力。

所以，对孩子真正的爱不是将他们隔离在一个安全地带，而是教给他们在这个世界上生存的能力，让他们具备独立生活，自我保护的能力。要想拥有这样的能力，首先要培养他对自我能力的信心。在家庭教育中，我们最好少说"你不要""你不行""让我来"这样的话，而是要多鼓励孩子直面问题，大胆尝试，我们就会发现孩子就像一座宝藏，蕴藏着无穷的能量。

**想一想**

　　　你对孩子说过"你不要""你不行"之类的话吗？

　　如果再遇到同样的情况，你会怎么做？

## 不要拒绝孩子的帮忙

每个人都有自我实现的需要，孩子也一样。只是孩子自我实现的方式比大人简单得多，如洗一只碗，拾一次垃圾，甚至是伸手按一次电梯，都能让他们体会到自己的价值感。作为父母，我们需要做的就是，允许孩子帮我们做一些力所能及的事，让他实现自己的价值，感觉被需要。

付出带来的快乐，远大于索取。扪心自问，我们是否剥夺了孩子的这种快乐呢？给孩子的爱并不是越多越好，让孩子感觉被需要，对孩子来说，才是最好的教育。

我女儿有段时间特别迷恋滑梯，由于小区里的儿童游乐区没有滑梯，我只好在网上给她买了一个。当滑梯寄来的时候，一大堆碎片和螺丝，需要自己组装才可以使用。

老公还在上班，我只好自己动手。我照着安装视频安装，琐碎复杂的零部件让我陷入混乱。这时，女儿走过来问道："妈妈，需要我帮你吗？"

"你就别添乱了，你要是把这些东西给我搞乱了，我可就没法组装了，你今天可就玩不成了。"我毫不犹豫地拒绝她。

"来，妈妈，给你这个。"女儿并没有理会我的话，给我递来一个螺丝。

"让你别捣乱，你偏不听。"我不耐烦地大声说道。

见我不领她的情，女儿委屈地哭了起来。我也没有心情组装了，只好把一堆烂摊子扔在那里。

下午，我先生回家后，开始组装滑梯。女儿看到爸爸在那里忙，走过去对爸爸说道："爸爸，您需要我帮忙吗？"

"当然了，我正想找个帮手呢。"我先生回答道。

女儿听了爸爸的话，高兴极了，一会儿帮爸爸扶滑梯，一会儿帮爸爸递螺丝，在父女俩的协作努力下，滑梯很快就装好了。

在整个过程中，女儿一点都没有添过麻烦，反而因为爸爸的肯定而高兴，乖巧地听从爸爸的调遣。因为她觉得自己是有价值的、被需要的，是可以为别人带来帮助的。

我从不怀疑父母对孩子的爱，世界上任何一种爱都没有父母的爱来得纯粹，但是，以爱之名的控制、包办，其实是一种剥夺，它剥夺了孩子人生中最重要的两种感受：价值感和归属感。

心理学家指出，随着孩子自我意识的形成，孩子开始追求价值感和归属感。在这个阶段，父母的过度帮助，会给孩子造成挫败感，会让他们对自我能力产生怀疑。

这个阶段，孩子最需要的是被需要，而这种感觉往往就来自于独立完成一件事情，或者是帮助他人完成一件事情。所以，当孩子问我们是否需要帮助的时候，千万不要拒绝他，哪怕他的力量微不足道。其实，我们大可以主动向孩子寻求帮助，我们永远不会知道，当孩子听到你说"宝贝，妈妈需要你"时，他的内心是多么愉悦，多么满足。

**想一想**

你的孩子有过哪些奇怪而又荒谬的想法？当你听到他的那些想法时，你是怎样的态度？

# 给孩子提供恰当的说"不"的机会

有一次，我和女儿一起在公园里玩，遇到一个被奶奶带着的小孙女也在那里玩耍。两个小女孩一见如故，没多久就成了好朋友，一起玩过家家。

孩子在一边玩，我和老太太在寒暄，互相询问之下，发现两个孩子同岁。

"你家孩子会一些基本的表达吗？"老太太问。

"嗯，基本的需求都能表达了，还能跟我简单地聊聊天儿。"我回答。

"哦，那还不错。她会背诗吗？"老太太继续问。

"会背十几首，我没刻意地教过，她想听的时候我就给她读几遍，渐渐地她就会了。"我老实地回答。

"哦,我孙女也会。果果,过来给阿姨背一首《咏鹅》"。老太太对孙女果果招手。果果看了我一眼,羞涩地低下头,就是不开口。

"果果,愿意给阿姨背首诗吗?阿姨喜欢听人家背诗。"我露出慈母般的微笑,对果果说道。

果果张了张口,却支支吾吾地一个字都说不出来。我知道她肯定会背,只是面对我这个陌生人,她有点怯场,因为我女儿也是这样,不愿意在陌生人面前表演。于是我摸着她的头说道:"阿姨知道你会背,只是你现在不愿意背,没关系,你可以拒绝阿姨的要求,下次再见到阿姨,你再背给阿姨听,好吗?"

"好!"果果如获大赦,高兴地去玩了。

"妈妈,妈妈,我给你背,好不好?"女儿看见果果没有给我背诗,决定亲自满足我的"愿望"。

我看着女儿天真的样子,笑着说道:"好啊!"

"鹅,鹅,鹅,曲项向天歌,白毛浮绿水,红掌拨清波。"女儿准确无误地将这首诗背了下来。

看到女儿给我背诗,本来已经不再纠结让孙女背诗的老太太又跟孙女较上了劲:"果果,奶奶对你太失望了,你看别的小朋友背得多好。我看你啊,只会玩儿,其他的什么都不会。"

果果小声地说道:"我会!"

"你会，那你怎么一个字都说不出来？"老太太反问道。

"我家孩子也一样，平日里背得再好，你让她给别人表演，她就别扭，什么都说不出来了。"我赶紧打圆场。

"孩子就要不怯场才可以，一个人再有才华，一到台上就傻眼怎么行？在家表演给谁看啊？"老太太继续发表自己的观点。

奶奶的话深深地伤害了果果的心，只见她含着泪望着奶奶，用颤抖的声音，一字一顿地将《咏鹅》背了出来。

待果果背完，我赶紧拍手鼓掌，我女儿也跟着拍手叫好，老太太这才眉开眼笑起来。

但是，我完全看不出果果内心的"成就感"，虽然她一字不差地将诗背了出来，但是她并没有自我满足感，而是满满的屈辱感。

其实，相对于看到孩子精彩的表演来说，我更希望果果坚定地说"不"，我希望她能够坚定地拒绝我。

一个不会说"不"的孩子，长大后很容易变成一个怯懦、没有主见的人。说"不"是一个有价值的人生技能，只有懂得拒绝的人，才有为自己划定界限的能力，在面对一些选择的时候，才不会优柔寡断，患得患失；在遭受到别人侵犯的时候，才能有保护自己的能力。

所以，在家庭教育中，我们不但要赋予孩子说"不"的权利，还要给孩子提供恰当的说"不"的机会。"你可以为我表演一个节目吗？"孩子完全可以对这个要求说"不"，"在我离开的时候，你可以亲亲我吗？"孩子的身体是他自己的，他当然可以对这个亲吻说"不"。

孩子是一个独立的个体，说"不"是他们的权利，我们不应该粗暴地将这个权利剥夺。

当然，孩子还小，他们虽然需要自主的权利，但是他们的"不"并非永远都是合理的，他们并不知道什么事该做，什么事不该做。作为父母，我们必须明确这个界限，知道什么时候放权，什么时候收权。千万不要每次孩子一说"不"，我们就无条件地妥协让步。当孩子的"不"让我们无法接受的时候，我们一定要在理解孩子感受的基础上加以正确的引导，让孩子明白什么是该拒绝的，什么是自己必须承担的责任和义务。

想一想

你的孩子有说"不"的习惯吗？当他对一些选择无法说"不"的时候，你应该怎么做？

# 【实践篇】让孩子自由选择的技巧和指南

让孩子自由选择虽然看起来是一件简单的事，但是也需要一些技巧。如此，我们才能在家庭教育中占主导地位，对孩子进行正确的正面管教。

## 1. 提供有限制的选择

对于年龄比较大的孩子，他们能够很好地在开放式选项中做出选择，但是对于学步期的孩子，最好给他提供有限制的选择。比如，我们可以把"你想吃什么早餐？"换成"你早餐想吃面包还是煎鸡蛋？"这会让孩子更加容易做出选择。

## 2. 引导孩子更快地做出决定

对于一些重大的决定，我们可以给孩子一些时间思考，或者把孩子需要选择的事情提前告诉他，以便他有时间好好思考。但是，假如孩子有选择恐惧症，就连穿裙子还是穿裤子都要思考很长时间，我们可以这样对他说："看来你不知道该如何选择，今天我替你选择，明天你再自己决定该穿什么。"当我们说到做到后，下次孩子就不会再为一件小事而思考很久了。

## 3. 教给孩子自主选择权

当孩子抗拒我们所要求的任务时，我们可以用分散孩子注意力的方法，为孩子提供一些选项。比如，睡觉时间到了，但孩子依然精力旺盛时，我们可以这样对孩子说："睡觉前，妈妈在床上给你读故事，还是在客厅给你读故事？"快吃饭了，依然没办法把孩子喊到餐桌前，我们可以这样对孩子说："我帮你洗手，还是你自己来？"如此，既把自主权教给了孩子，又能让孩子乖乖合作。

记住，自主选择并不意味着孩子可以为所欲为，如果他认为全世界都应该围着他转，他想要什么东西就必须得到，那么，我们应该及时地纠正他的自私心理。

## 第五章

# 停止无用而伤人的吼叫

## ——驶出暴风区，婴儿期情感能力的发展

我不明白女儿为什么会成为这个样子，稍不如意就大发脾气，扔东西、尖叫，假如你试图去抱她，她还会对你乱打乱踢，有一次甚至在我的胳膊上狠狠咬了一口。如果她想要的东西我没有买给她，她就会躺在地上不走。面对她的这些行为，我真的很生气，在我怒火中烧的时候，也曾打过她，但是，我知道这样的解决方式是最糟糕的，我需要一种更好的方法来解决这个问题。

——阿菲

千万不要期待三岁以下的孩子能够识别并处理自己的情绪，我们应该明白，对于这个年龄段的孩子来说，缺乏这种能力是最正常不过的事。假如我们强迫一个不满三岁的孩子控制自己的情绪，甚至因为孩子无法做到而惩罚他，这对孩子来说是极其不公平的。所以，当孩子情绪失控的时候，我们应该把重点放在如何安抚他的情绪上，而不是去惩罚他。

在养育孩子的过程中，我们不但要学会控制自己的情绪，还要帮助孩子处理他的情绪。

## 给孩子传递"爱"的讯息

对于一个小婴儿来说，纵使我们对他说上一千遍"我爱你"，他可能都无法理解什么是爱。那么，当孩子无法理解语言的时候，我们该如何给孩子传递"爱"的讯息，让孩子能够识别并感受到父母的爱意呢？

每一个孩子都渴望爱，对于他们来说妈妈温暖的怀抱就是爱，爸爸宽厚的肩膀就是爱，父母的拥抱和亲吻就是爱。当孩子感受到抱他的双手是温柔的，凝视他的双眼是慈和的，跟他说话的声音是亲切的时，这些情感就会得到充分的满足，充分了解自己是否被爱。这样会让孩子产生强烈的幸福感和安全感，同时，他们也会用同样的爱回报父母。

假如孩子表现得不那么听话，很有可能是因为他没有接收到我们爱他的讯息。当我们还在想着如何安抚他的不良情绪的时候，他可能还在寻求我们的关注，而孩子寻求关注的方法往往是哭闹、焦躁或纠缠。如果我们因为孩子的哭闹而表现得暴躁易怒，那么孩子会更加觉得我们不爱他，如此恶性循环，我们可能会花更多时间和精力才能让这个"不听话"的小婴儿安静下来。

有时候，给孩子传递一些非语言信号，要比我们说多少"我爱你"都有用得多。或许孩子并不懂得什么是爱，但是他却能非常敏感地感受到我们是否爱着他。孩子是最会察言观色的，当我们对他极其不耐烦的时候，他也会表现得烦躁不安；当我们对他和颜悦色的时候，他就会放松、平静。

　　中国父母的爱都是含蓄的，羞于表达的，但是要想与孩子建立良好的亲子关系，我们最好不要太过矜持，在与孩子相处的时候，我们不要羞于表达自己的爱，多抱抱孩子，多亲亲孩子，用无声的语言，让孩子感受来自父母的爱。

**想一想**

　　你常常抚摸、亲吻、拥抱你的孩子吗？当你常常这么做的时候，你的孩子有哪些变化？

# 孩子为什么会发脾气

不管我们是否喜欢，小孩子都会毫无征兆地大发脾气，可能有时候我们会觉得孩子崩溃的点非常让人难以理解，但事实就是如此，他就是因此而哭闹不止。

一年前，我带两岁多的女儿去附近的购物中心玩耍。在游乐场玩了半天，然后陪女儿吃了她最喜欢的蛋糕，再去给先生买了一件应季的衬衫。由于没睡午觉，女儿已经迫不及待地想要睡觉了。正准备打道回府的时候，女儿突然看到一个蛋糕店的橱窗里陈列着各种各样的甜甜圈，五颜六色，看起来极其诱人。

女儿的小眼睛闪着光，本来无精打采的她瞬间兴奋起来，立即飞奔过去，并马上向我表达了她的意愿，她想要一个粉色的上面撒着白巧克力的甜甜圈。我表示这个甜甜圈的确看起来美味诱人，假如今天她没有吃太多蛋糕，我会给她买一个，但很遗憾，只能改天给她买了。

女儿对我的回答非常不满意，她开始在地上打滚哭闹。她的哭声吸引了很多人的目光，我无比尴尬地接受着四周的目光，我知道，肯定很多人都觉得我是世界上最差劲的妈妈。

事实上，我并不是一个差劲的妈妈，我从来没有忽略过孩子的需求，而且在这之前我已经给她买过一块蛋糕。而我的女儿也不是一个差劲的孩子，在甜甜圈没有出现之前，她在整个行程中都表现得很乖巧。那么，女儿为什么会大发脾气呢？因为在此之前，她已经忍耐很久了，她想要睡觉，她的基本需求没有得到满足，而此时她想要的东西又没有立马得到，她不管自己的要求是否合理，她只知道这已经超出了她的忍耐限度，所以她要爆发。

当时我努力让自己平静下来，然后一把抱起躺在地上的女儿，把她抱到了卫生间的休息区，这时女儿已经哭得不那么激烈了，等她完全冷静下来之后，我告诉女儿我理解她的感受，我知道她很累，想要立即回去休息，我也知道没有给她买甜甜圈，这让她非常失望，但是这些都不是她可以哭闹撒泼的理由。她必须用尊重的方式表达自己的意见，不能用哭闹、纠缠的方式让我屈服。如果她能好好地表达自己的意见，我也许会改变主意。

女儿见我语气温柔，态度坚定，她没有再哭闹。当遇到想要的东西时，女儿再也没有撒泼打滚过了，而是学会了怎样跟我谈条件。

孩子的行为的确会让我们感到尴尬恼火。但是，我们应该理解孩子的感受，孩子和我们一样拥有伤心、兴奋、沮丧等情绪，我们可以用语言来表达自己的感受，而孩子缺乏表达感受的语言能力，所以她只能通过发脾气来表达自己的不满。作为一个成年人，很多时候我们都很难控制自己的脾气，更何况一个学步期的孩子呢？

那么，当孩子积累的脾气突然爆发时，我们该怎么办呢？是妥协让步，满足他的所有需求吗？不，这不是答案。

在公共场合，你也许会为了让孩子停止发脾气而向孩子妥协让步，甚至什么都肯做。但是这样做的结果是孩子会觉得哭闹非常有用，于是，在之后的日子里，他会把哭闹当作自己的手段，用来达到自己的目的，甚至提出一些更加过分的要求。

当孩子发脾气时，我们应该清楚地明白孩子为何发脾气，如此才能对症下药。另外，我们要学会用商量的语气跟孩子说话。比如，当我们要为孩子做出某项安排或决定时，不妨先听听孩子的想法，用商量的语气说："宝贝，你看这样做可以吗？"或者说："宝贝，你还有什么更好的想法吗？"如此，不但能让孩子乐于接受我们的意见，还能培养孩子思考问题的能力和解决问题的能力。

　　另外，任何时候，我们都要尊重孩子的意愿。假如我们需要孩子关掉电视，早点睡觉，而孩子却说不想睡觉，还要看电视。这时，如果我们不尊重孩子的意愿，强硬地关掉电视，孩子肯定会用哭闹来回敬你，这样不但达不到让孩子早睡的目的，还会让双方都处在不愉快的氛围中。如果我们换一种方式说："那好吧，妈妈再陪着你看十分钟，十分钟之后宝宝就要自己关上电视哦。"孩子充分地感受到来自父母的尊重后，相信孩子也会很容易接受父母的意见，并信守承诺。

> **想一想**
>
> 　　你会为了阻止孩子大发脾气而妥协让步吗？你的孩子会反复使用"哭闹"逼你让步吗？

## 接纳孩子的不良情绪

生活中，孩子之所以会愤怒，哭闹，扔东西，甚至攻击他人，都是因为不良情绪引起的，所以，很多父母视孩子的愤怒和不快为洪水猛兽。其实，每个人都有情绪，无论是成人还是孩子，都有发泄自己不快和愤怒的需要。对于年幼的孩子来说，大发脾气是表达自己感受最常见的方式。所以，作为父母，我们需要理解孩子的这种感受，学会接纳孩子的不良情绪，并帮助孩子处理不良情绪。

那么，这是否意味着我们要纵容孩子的坏脾气，容忍他损坏东西或攻击他人呢？当然不是！任何时候，不管出于什么原因，决不允许孩子故意伤害他人，或故意将东西损坏，我们应该明确界定这条不可触碰的底线。当孩子这么做的时候，我们应该用合理的方式疏导孩子的情绪，正确地引导孩子用恰当的方式表达他的不良情绪。

　　一次，我到一位朋友家做客。朋友家有两个儿子，大的五岁，小的两岁。中午的时候，我和朋友正在聊天，她的两个儿子在游戏房里玩耍。突然，听到房间里传出孩子的哭声，我和朋友赶紧进去查看，原来是小儿子想要大儿子手里的皮球，大儿子拒绝给他，于是他便哭闹起来。

　　朋友赶紧进屋哄他。看到妈妈后，小儿子不但没有止住哭声，反而哭得更加厉害。当朋友想要把他抱起来的时候，他甚至对朋友又抓又打，拼命挣扎不让朋友抱。朋友试着拍他的后背哄他，但是依然毫无效果。

朋友见此情景，就对我说道："我们出去吧，让他自己待一会儿。"说完，朋友又蹲下来抚摸着小儿子的头说："宝贝儿，妈妈知道你现在很生气，但是你不可以以这样的态度对待妈妈，你想哭就哭吧，我们都不打扰你了，如果你想找妈妈，你可以出来，我们就在客厅。"说完她站起来，嘱咐大儿子暂时出来玩耍，然后和我一起回到了客厅。

小儿子的哭声隐约地从屋里传出来，朋友依然若无其事地和我聊天。过了一会儿，屋里开始安静起来，我和朋友进屋查看，发现小儿子已经躺在地上睡着了，睡梦中的他还不时地抽噎着。

朋友没有制止孩子哭泣，也没有用愤怒回应孩子的愤怒。待孩子睡醒后，她走到孩子身边，蹲下来抚摸着孩子的头，并告诉他可以尽情地发泄自己的情绪，但是不能用伤害他人的方式时，她就在教孩子如何正确地处理自己的不良情绪。

当孩子情绪失控的时候，大人也难免情绪失控。当我们和孩子一样大声吼叫，或者孩子打人的时候，我们也用打他的方式回应，这不但不会平息冲突，还会将矛盾升级。更重要的是，我们会给孩子树立一个乱发脾气的"榜样"，当下一次情绪失控的时候，他会用我们的处理方式解决问题。

　　记住，如果我们不能控制自己的行为，孩子也会很难控制自己的行为。接纳孩子的情绪，体察孩子的感受，理解孩子的想法，才有利于孩子情绪的平息，恢复其理性思考的能力。

**想一想**

　　当孩子不能控制自己的情绪时，你能否控制自己的情绪？你曾经用愤怒回应过孩子的愤怒吗？

## 如何帮助孩子平静下来

　　一次，朋友因为有事，不得不将两岁半的儿子阿文送给我替她照管。看到妈妈要离开，本来玩得很好的阿文立马大哭起来。对于如何安抚孩子的情绪，我有很多次成功的经验，因此，我无比自信地向朋友保证会安抚好阿文的情绪，让她安心地去办事情。

　　看到妈妈真的走了，阿文绝望地哭了起来。我赶紧把他抱在怀里，让他趴在自己的怀里哭，然后轻轻地对他说道："我知道阿文很喜欢跟妈妈在一起，跟妈妈分开是一件非常难过的事。不过你要知道，妈妈有很重要的事情要去办，她很快就会回来接你的。在妈妈回来之前跟阿姨一起画一幅画，好不好？我们就画离开妈妈的阿文有多想念妈妈，等妈妈回来我们把画好的画送给她，好吗？"阿文一边抽泣着，一边点了点头。于是我赶紧拿来一张白纸和一把彩色蜡笔，和他一起画起画来。

开始画画之后，阿文立即忘记了离开妈妈的忧伤。就这样，阿文画了半个小时的画，等他快要没有耐心的时候，我又用捉迷藏的游戏成功地吸引了他的注意力。就这样，我和阿文顺利地度过了小半天时光。朋友回来看到玩得不亦乐乎的阿文，简直不敢相信自己的眼睛。

当孩子的情绪不好时，作为照料人，我们首先需要认可孩子的感受，并说出孩子的感受。比如，"我知道你很难过""我知道你很生气"。久而久之，孩子就知道自己的这些行为就是难过或生气，虽然对于一个学步期的孩子来说，要想理解这些情绪很难，但是我们依然要帮助他认识情绪。

其次，我们要对孩子的感受表示理解。年幼的孩子也有自己的感受，这些感受不是他自己可以选择的，我们必须理解这一点。我们应该进入孩子的内心世界，积极地倾听孩子，了解孩子为什么会生气、难过等，然后想方设法地转移孩子的注意力，让孩子的心情好起来，或者为孩子提供一些选择，让他用健康的方式表达自己的情绪。

假如我们履行了这几条原则，相信我们很快就能让孩子平静下来，并尝试着自己去解决面临的问题。

认识情绪，掌控情绪是一项重要的情感技能，学会这个技能一个漫长的过程，很多人一辈子都有可能掌握不了这个技能。对孩子来说，每一次的情绪体验都是他成长的机会。不管是伤心也好，愤怒也罢，都是孩子学习感知和表达情绪的好机会，因此，我们一定要抓住每一次机会，教给孩子让自己平静下来的方法。

有时候，无论我们怎么做，孩子依然会大发脾气。此时的我们，唯一能做的就是接纳孩子的情绪，理解孩子的感受，引导孩子用正确的方式表达情绪。当孩子学会了表达自己的感受，他就会知道，遇到事情发脾气，哭闹不止并不是解决问题的唯一方式，他会尝试着讲道理并向大人寻求帮助。

记住，孩子的情绪需要自己去管理和掌控，作为父母，我们只要识别并引导孩子释放情绪，不要因为不能帮助孩子平静下来就觉得自己是糟糕的父母。

> **想一想**
>
> 当孩子遇到挫折感到无助时，他会好好讲道理并向你寻求帮助吗？假如你无法帮助孩子让他感觉更好一点，你会为此自责吗？

# 把哭泣的权利还给孩子

当孩子哭的时候，你会怎么办？

大多数父母都对孩子的哭闹束手无策，当孩子哭泣的时候，他们通常会做出以下反应。

（1）羞辱。就知道哭，除了哭，你还能做什么，像你这样有什么出息？

（2）反感。听到你哭就烦，别哭了！

（3）恐吓。不要再哭了，你再哭我就不要你了。

（4）冷漠。能不能不要哭？如果你要哭就别在我面前哭，去，一边儿去，等什么时候你不哭了，再来找我。

（5）否定。为这点小事你就哭，你好意思吗？

（6）妥协。好了，好了，不要不哭了。只要你不哭，妈妈/

爸爸就给你买糖。

当孩子哭泣的时候，通常情况下大人都会想方设法地哄孩子，阻止孩子继续哭泣。很多时候，我们越是制止，孩子哭得越厉害。有些时候，孩子会在我们的威胁、恐吓之下停止哭泣，但是他并没有真正地愉悦起来，他只是因为害怕或者是讨好父母而强忍泪水，这样做的结果就是孩子更加委屈或压抑，如此一来，孩子的情绪得不到释放，他就会更加难过，这对孩子的身心健康是极其不利的。

其实，对于一个还不会表达自己的孩子来说，哭泣只是他表达自己情感和需要的一种方式，他是用哭泣在向大人发送信息：想喝奶，想喝水，想尿尿，身体不舒服，心情不好等。等孩子哭够了，或者大人对他的需求做出了回应，他自然就会平静下来。

总的来说，孩子哭闹、发脾气，一定有他的原因，因此我们不要强行制止孩子哭泣，而是要学会倾听孩子内心的真正需求。比如，当孩子特别想吃糖，而我们又不想让他吃糖时，我们要让孩子先把他的需求说出来，然后说出我们无法满足他这一需求的理由，这个过程一定是温柔而坚定的。我们可以温柔地说："我知道宝宝最喜欢吃糖，妈妈也很喜欢吃糖，但是宝宝正在长牙，糖吃多了，牙坏掉了，以后就不能吃更多好吃的了。"我们一定要让孩子明白"你知道"，而不是武断地说"不行"。这样做的目的是，让孩子明白哭闹并不是解决问题的有效手段，要学会正确表达自己的需求，这是他逐渐成长的过程。

当孩子受了委屈想要哭泣时，父母要表现出理解和关心，不要去阻止孩子哭泣，更不能责骂，而应正确引导孩子哭出来，这样才能更好地抚慰孩子的心灵创伤。比如，孩子难过哭泣时，我们可以将他抱在怀里，温柔地说："妈妈知道你很难过，妈妈愿意与你一起解决问题，妈妈爱你！"

当我们说"妈妈爱你"这句话后，就会发现这句话非常有效，因为有了父母的关心和爱护，孩子的情绪会很快好起来。

总之，让孩子哭一哭并不是坏事，因为孩子来到这个世界上的第一次发声就是啼哭，"哭泣"是人类生理情绪的正常表露，更是婴童时期表达感情和内心需求的一种主要方式，是正常现象。心理学家认为，正常的哭泣对人体能产生积极效应，孩子在伤心、委屈的时候，如果能痛痛快快地哭一场，等情绪稳定后就会产生积极的心理效应。所以，面对孩子的哭泣，最正确的做法就是接纳孩子的情绪，把哭泣的权利还给孩子。

> **想一想**
>
> 当孩子哭的时候，你是什么反应？你会给孩子哭泣的空间和自由吗？

## 有时候，你只需要坚定你的立场

与孩子的交流是一场博弈，不是你进，就是我退。对于一些原则性的东西，父母一定要坚持到底，一时心软地放任孩子是在娇惯孩子，不利于孩子的成长。

一位朋友跟我抱怨："养娃真是自讨苦吃，最近我都快被娃折磨疯了，身累心更累。"

究其原因，原来是她儿子感冒都快一个星期了，一直不见好。孩子身体不舒服，就整天都要让妈妈抱。妈妈只要一把他放下来，他就哭闹不止。没办法，朋友只能干啥都抱着他，为此朋友感觉身心疲惫。

"那有给他吃药吗？"我问道。

"说起吃药我就生气，每次只要一看到药就开始哭，嘴巴闭得紧紧的，一口都不吃。"朋友义愤填膺地说。

"那怎么办，感冒了不吃药怎么行？"我说道。

"孩子还小，我说什么都没用，就是不肯吃。那天实在没办法了，我就想着强硬地给他灌点药，可是看见孩子哭得撕心裂肺的样子，我的心就狠不下来，只好妥协，当着孩子的面把药倒掉。"朋友说完无奈地叹了口气。

很多父母面对孩子的哭闹，可能都和我朋友一样，只能妥协。我们的妥协虽然可以让孩子停止哭闹，但是我们无原则的退让对孩子的健康却是有害无益。

对于孩子的无理要求，父母一定要坚定自己的立场：孩子生病就要喝药，该遵守的秩序一定要遵守，绝对不能因为孩子的哭闹而心软，也不能让孩子尝到哭闹的甜头。否则，孩子也会变成一个没有原则的人。

坚持原则并不限于大是大非，对日常生活中的一些小事，我们也应该坚持。正所谓"千里之堤，溃于蚁穴"，很多时候，一些大错的铸成都是由小错积累而来的。作为父母，如果从小不培养孩子的原则性，在孩子犯小错的时候不及时纠正和教育，很有可能将孩子推向犯罪的深渊。

只是，在让孩子执行这一决定的过程中，我们一定要坚持两个原则，那就是态度温和，立场坚定。温和的态度是对孩子的尊重，坚定的立场是对事物本身的尊重。

**想一想**

你真正理解"坚定"和"和善"是什么意思吗？你会因为孩子的哭闹而妥协吗？在和孩子相处的过程中，你是如何将"坚定"和"和善"结合在一起的？

## 【实践篇】当孩子发脾气的时候，我们应该怎么办

很多父母都遭遇过孩子的脾气风暴，当孩子发脾气的时候，我们该如何做才能教会孩子识别感受，处理自己的情绪呢?

### 1. 给孩子树立榜样

面对孩子的愤怒，我们千万不要以愤怒回应他，否则，孩子将模仿我们这种处理情绪的方式。我们不要忽略榜样的作用，因为孩子是在模仿中成长的，假如面对孩子激烈的情绪，我们能先让自己平静下来，孩子就会渐渐平静下来。

### 2. 保证孩子的安全

孩子发脾气时，我们可以暂时离开，给孩子自由的空间和时

间。但是，这一定要在保证孩子安全的前提下进行。所以，当孩子发脾气的时候，明智的做法是把孩子带到一个安静、安全的地方，把那些容易损坏或者伤害孩子的东西收起来。

### 3. 不要试图用妥协和让步来解决问题

当孩子因为自己不合理的要求而大发脾气时，不要试图用满足他要求的方式让他停止自己的行为，这会让他意识到用眼泪、威胁的手段是操纵我们的一个好办法。面对不能妥协的事，我们需要坚定自己的立场。

### 4. 帮孩子分析行为的对错，并安抚孩子

孩子发完脾气之后，就算是完满地解决问题了吗？并不是！风暴结束之后我们要抓住这个好机会，跟孩子聊一聊之前发生的事情，让孩子明白自己的行为是否恰当，并给孩子一个拥抱或者亲吻，让孩子明白无论怎样，我们都会爱他。

### 5. 正确看待孩子的行为

不要把孩子发脾气当作不良行为，因为这只是他表达情感和需要的一种方式。认识情绪，掌控情绪是一个漫长的过程，请父母保持足够的耐心。

## 第六章

# 让孩子受用一生的社会能力

## ——社会情感发展是孩子早期学习的重要任务

> 我的儿子现在快一岁半了，在儿童乐园玩的时候，他认为所有东西都是他的，不让别的小朋友碰。我不止一次地告诉他，在公共游乐场所的玩具设施是大家的，不是他一个人的。但是令我懊恼的是，他依然把一个小女孩手上的卡车抢了，并大声地说："我的卡车。"见小女孩哇哇大哭，我只好强行抢过卡车还给她，并向她道歉。更糟糕的是，我儿子没有一个玩伴，他不喜欢找别人玩，别人也不乐意跟这个"小霸王"玩。
>
> ——苏拉

随着时间的流逝，襁褓中的小婴儿也慢慢地长大了，他需要逐渐学会一些社会技能，如如何与他人相处和沟通。一个孩子最重要的任务就是寻找伙伴，与他人一起玩耍，并学会和他人分享自己的玩具和食物。

　　假如孩子还不会玩耍、分享之类的社会技能，不要着急，这些技能是在与人相处中通过不断地练习学会的。在这个过程中他会犯错，会攻击他人，也不要为此焦虑，犯错是他成长路上必不可少的经历，这正是他学习的好机会。

## 不要给孩子贴上"自私"的标签

作为父母，我们都希望孩子能够懂得分享，并乐于分享自己的玩具，在公共场合懂得所有规则。但是，在孩子的世界里，他们没有"分享"这个概念，不到两岁的孩子都是以自我为中心来看待这个世界的。也就是说，在他们的认知里，除了自己之外，其他的任何人、任何事都与自己无关，所以他们也自然而然地认为世界上所有的东西都是属于他的，这并不意味着孩子是"自私"的孩子，这是与他们的发展相称的行为。

朋友家的孩子苏珊比我女儿大三个月，我们两家比邻而居，所以两个孩子自然而然成了最好的玩伴。

某天，我带着女儿去朋友家找她的小伙伴玩。见两个孩子在儿童房里相安无事地玩耍，我和朋友则清闲地在客厅聊天。但是才过了几分钟，女儿尖锐的哭声便从房间里传了出来，我和朋友赶紧跑进房间查看究竟。

"宝贝儿，怎么哭了呀？"我蹲在女儿面前，一边给她擦眼泪，一边问。

"我想要玩姐姐的小马宝莉玩具，姐姐不给我玩。"女儿一把鼻涕一把泪地控诉。

"苏珊，你怎么能这样对待妹妹呢？"朋友的语气里略带责备。

"小马宝莉是我的，它是我最喜欢的玩具，我也想玩。"苏珊抱着小马宝莉说。

"苏珊，妈妈是怎么教你的，不可以跟妹妹抢玩具，你比妹妹大，你要照顾好妹妹。更何况，你是主人，妹妹是客人，你要好好招待你的客人。"朋友说了一大堆让苏珊分享自己心爱玩具的理由，接着也不管苏珊是否听懂，伸手去拿苏珊的小马宝莉。

苏珊的眼泪哗啦啦地流了出来，小嘴噘得高高的，瞪了妈妈一眼，把小马宝莉狠狠地往地上一摔，愤怒地走出了房间。

这时，女儿已经让我用另一个有趣的玩具吸引了注意力，止住了哭声。我赶紧捡起小马宝莉，然后抱着女儿走到苏珊面前，用女儿的口吻说道："姐姐，小马宝莉还给你，你先玩，等你不想玩的时候，可以给我玩玩吗？"

　　听了我的话，苏珊立即破涕为笑，说道："好的，但是你不可以把我的小马宝莉拿走哦。"女儿早已忘记了刚才的矛盾，用力地点了点头，于是，两个孩子又一起愉快地玩耍了。

　　走出房间，朋友摇着头说："这孩子一点都不懂得分享，太自私了。"

　　我笑着说道："孩子其实没有错。这个年龄段的孩子心中都只有自己，她只是在保护自己的东西不被侵犯，这是很正常的事。下次千万不要强迫孩子分享了，我们应该让她们俩多在一起玩玩，让她们轮流玩，等她们再大一点儿，自然就会分享了。"

　　假如孩子不让别的小朋友玩自己的玩具，父母也不要轻易给宝宝贴上"自私"的标签。对于两岁之前的孩子来说，他们会经历一个所有东西都是"我的"的阶段，这是自然现象，父母需要多给予理解和尊重，并做好合理的引导。

　　三岁之前，孩子喜欢将一切东西占为己有，并认为这些东西理所当然都是自己的，家长不必为此感到焦虑。但是，慢慢地，我们要教给孩子分享这个技能。

　　**想一想**

　　当孩子总是说"我的"的时候，你是怎么做的？你是否给孩子贴过"自私"的标签？

# 教会孩子"分享"这个社会技能

一岁半到两岁之间是儿童分享行为能力发展的关键期，父母要抓住这个时期，在生活中加以引导。比如，在宝宝与家人或与小朋友共处时，要引导他分享食物、玩具等，充分利用这个关键期促进分享行为能力的发展，更好地获得社会交往的技能。

去年夏天，我一直带着女儿在乡下老家避暑。爷爷奶奶非常疼爱小孙女，什么好吃的都想着她。

这天，孩子奶奶给女儿端来一碗又大又红的樱桃。我跟女儿说："宝贝，把樱桃先给奶奶喂一颗。"

女儿拿了一颗樱桃，递到奶奶的嘴边。奶奶高兴极了，一边假装在吃樱桃，一边夸奖女儿："呀，我孙女知道心疼奶奶了，这樱桃可甜了。"

事实上，奶奶明明就没有吃樱桃。那个时候孩子还小，并没有深究奶奶做法的真实性，继续拿着那颗樱桃往奶奶的嘴巴里喂。

接着，女儿也递给我一颗樱桃。我张开嘴，一口就将孩子手里的樱桃吃了下去。

"孩子给你喂，你还真吃啊？小孩给你喂东西时，如果你真吃了，她会哭闹的，而且下次你再让她给你喂，她就不敢给你了。"孩子奶奶笑着说，顺便给我传授了一下育儿经。

但是，女儿见我吃了她手中的樱桃，并没有哭，重新在碗里拿了一颗吃了起来。并且女儿给自己喂完一颗后，又拿了一颗喂进我的嘴里。

孩子奶奶感觉十分惊讶，觉得她孙女十分懂事，不像其他孩子那样自私，小小年纪就如此孝顺。

我笑着说道："妈妈，孩子这样的举动其实并不是什么了不起的事，你知道她为什么愿意跟我分享吗？那是因为她每次给我东西的时候，我都会欣然接受，并会极力地夸赞她的行为。渐渐地，她就养成了习惯，什么好东西都会想着与我分享。如果我像你那样假装享用，孩子就会觉得反正给你也不吃，下次就懒得给你了，还会理所当然地觉得什么好东西都应该让她一个人独享，久而久之，孩子就会变成一个自私自利的人。"

"好像是有点道理。"孩子奶奶幡然醒悟。

孩子是在模仿中学习的。在孩子学习分享的关键时期，作为父母，我们要有意识地为孩子树立榜样。比如，在孩子面前与家人分享可口的食物，当孩子吃东西的时候把她的食物跟你分享时，千万不要谢绝孩子的好意，要诚恳地接受，并且不要忘记向孩子说"谢谢"，让孩子体验到和大家分享是件很快乐的事情，从而激励他强化这种行为。

谢谢，真是一个爱分享的好孩子。

除此之外，以下一些方法对你教会孩子学习分享这一社会技能有一些帮助。

### 1. 有意识地给孩子创造分享的机会

当孩子正在吃东西，或者玩玩具的时候，可以问孩子："你愿意把你的糖果分给我一颗吗？"或者是"你的玩具可以给我玩一会儿吗？"或者把自己的东西递给孩子，然后说："我把我最喜欢的东西给你玩，你可以把你最喜欢的玩具跟我分享吗？"也可以给孩子拿两个玩具，让他挑一个给他的小伙伴儿。

### 2. 进行角色扮演游戏，模仿和练习分享

给孩子讲一些与分享有关的故事，并和孩子一起扮演故事里面的角色，孩子来扮演把自己喜欢的东西和别人分享的角色，父母扮演接受别人礼物的角色，然后可以交换角色。经过一段时间的角色扮演，真实、直接的情感体验使得角色的分享特征固定在孩子的心中。这时，孩子就真正从"小气"的孩子成长为愿意和别人分享的可爱孩子。

### 3. 不要强迫孩子分享

分享一定是在自愿的前提下。父母要有同理心，每个人都有占有欲，孩子也不例外。假如孩子在并非自愿的情况下被人抢走玩具，我们可以这样对孩子说："我知道你非常喜欢这个东西，与人分享是一个痛苦的决定。但是其他玩具也非常有趣，我们先

玩这个，好吗？"这样的共情有利于安抚孩子的情绪。如此，孩子就会慢慢接受分享。

### 4. 一定要让孩子感受到父母的爱

父母要多陪陪孩子，及时地满足孩子的需要，让孩子拥有十足的安全感。一个感受不到爱，没有安全感的孩子，很可能在与人相处的过程中过分地保护自己，不愿与人分享。

**想一想**

你教会孩子与人分享这一社会技能了吗？你是怎么做到的？

## 允许孩子犯错，犯错是学习的好机会

　　大多数父母都不喜欢孩子犯错，并传递给孩子的信息是犯错误是一个不好的行为，我们应当为自己的错误行为感到羞愧。其实，人人都会犯错，孩子更不例外。既然我们不能保证自己永不犯错，那么，又有什么理由期待孩子表现得完美呢？

　　所以，请允许孩子犯错，不要因为一个错误就给孩子贴上"马虎""没出息""坏孩子"等标签。这样的负面评价如果听得多了，孩子就会真的认为自己是一个没出息的人，这会让孩子陷入自我怀疑中，无法获取归属感；还有的孩子在犯错之后常常遭受父母的羞辱，则在以后的成长过程中因为害怕遭到父母的羞辱，从而变得畏首畏尾，不敢冒险，不敢探索；还有的孩子为了取悦父母，会压抑自己的真实需求，长此以往，他很可能养成讨好型人格；更有的孩子为了逃避犯错带来的惩罚，试图用说谎来掩盖自己的错误，从而变成一个撒谎精……

可以说，处处苛求孩子，不允许孩子犯错，对孩子的身心发展没有任何好处。

我有一个朋友属于绝对的控制型家长，在孩子还没出生的时候她就已经规划好了孩子之后的生活。她告诉我，她要做一个认真负责的家长，会对孩子负责。

朋友的孩子露露出生后，她便摩拳擦掌，准备好好雕琢自己的这个"作品"，她绝对不允许孩子不完美。比如，为了塑造孩子的良好教养，从刚刚学会说话起，朋友就要求露露见人就打招呼，如果孩子害羞躲藏，朋友就会给她贴上"没出息""不大方"的标签；朋友严格要求露露讲礼貌用语，如果哪次忘记对别人说谢谢，就会严厉批评露露"妈妈平时怎么教你的？别人帮你做了事要记得说谢谢，真是没礼貌的孩子！"朋友奉行的育儿经是"事不过三"，同样的错误不能犯三次，让孩子知道有错误必须立即更正，否则就会受到惩罚。

现在，露露马上就要进幼儿园了，在朋友的"精心教育"下露露的表现如何呢？的确如朋友期望的那样，露露非常听话，懂礼貌。但是露露表现出一个非常严重的问题：非常胆小，而且很自卑，与人相处的时候常常表现得不知所措。

比如，做任何事都要先看看妈妈的脸色，如果妈妈脸色如常，她才会小心翼翼地去做；假如妈妈脸色不善，她就会立即感受到自己的"错误"，停止自己的行为；和别的小朋友一起玩的时候，露露则唯唯诺诺，她是永远的"小跟班儿"，别的孩子让她干啥就干啥，从不会主动表现，没有自己的想法，只会模仿别人；露露还有一个致命的缺点就是不知道如何拒绝别人，即使自己再想玩喜欢的玩具，只要别的小朋友要，她都会让出玩具，即使她真的很不情愿……总之，露露做任何事，都是为了取得别人的肯定。只有别人肯定了，她才会安心。

一个心理正常的孩子是不懂得控制自己的情绪的，他们往往比较关注自我需求。一旦他们感到不满，就会以直截了当的形式表现出来，如吵嚷、哭闹等，这才是一个孩子应该有的童真。露露看似被朋友教育成了听话的孩子，实则露露的听话只是孩子在求存状态下不得不做出的选择：犯错就会受罚，为了逃避惩罚，露露只好失去自己的独特个性，看妈妈的脸色行事。一个两三岁的孩子一旦失去了犯错的机会，那么她就失去了认识世界的机会，朋友的教育看似是对孩子的负责，其实是最失败的教育。

犯错误是孩子成长的道路上必不可少的。父母允许孩子犯错，才能让孩子感受改正错误和缺点之后的喜悦，那么，在认识错误，感受错误的过程中，孩子有什么收获呢？

## 1. 让孩子获得新知

大多数孩子都是在犯错中探索世界的，在这个充满未知的世界上，犯错对孩子来说是一种十分可贵的体验。每一次犯错，就会让孩子获得新知，这不是父母直接灌输自己的生活经验可以比拟的。

## 2. 让孩子学会用正确的方法解决问题

在认识错误的过程中，孩子将学会正确做事的方法。比如，如果用错误的方法拆掉玩具，玩具就会坏掉；如果把书放在水里，书就会泡烂；如果脾气太坏，就交不到朋友；如果用不当行为来寻求大人的关注，会适得其反……在经过很多次错误的体验后，孩子就学会用正确的方法来解决问题。

## 3. 让孩子学会宽容

多蒙茜·洛·诺尔特说："如果一个孩子生活在批评之中，他就学会了谴责；如果一个孩子生活在敌意之中，他就学会了争斗；如果一个孩子生活在友爱之中，他就学会了这世界是生活的好地方。"从另一个角度来说，我们接纳孩子的错误，允许孩子犯错，也是在教孩子学会宽容。

**想一想**

　　你允许孩子犯错吗？当孩子犯错的时候，你是怎么做的？举两三个例子。

# 正确对待孩子的攻击行为

对于孩子来说，和其他小孩子一起玩耍也是需要学习的。当我们把两个还在学步期的孩子放在一起的时候，我们很难想象两个不怎么会说话，又缺乏社会能力的孩子是如何打招呼的。事实上，他们最原始的打招呼的方式很可能就是去打对方一下。

虽然我们不能把孩子早期的攻击行为认为是不良行为，但是，必须让孩子知道打人、踢人、咬人、抓脸、扯头发等行为会伤害到他人，是不被允许的。

当孩子不知道什么是打，什么是摸的时候，我们需要教给他这个技能。我们可以轻轻地抓住孩子的手，给他演示怎样才算是轻轻地抚摸。假如他已经将对方打伤了，我们要想办法让孩子给予对方安慰，让对方感觉好一些。

　　我女儿不到两岁的时候，曾经有段时间，特别喜欢咬人。记得有一次，我女儿在商场里的儿童乐园玩耍时，与另外一个男孩因为一个玩具引发了冲突，当那个男孩子从我女儿手中抢走她的玩具之后，我女儿变现得非常愤怒，冲过去就狠狠地咬了对方一口。那个男孩痛得哇哇大哭，立刻将手里的玩具丢在了地上。我女儿看见男孩哭了，自己也吓得哇哇大哭起来。

　　男孩的妈妈非常心疼儿子，把儿子抱在怀里安抚着。虽然她并没有大声地斥责我女儿，但是我能感觉到她的愤怒。面对我女儿的行为，我尴尬极了。那个时候，我根本不知道该如何做才好，当我女儿做出攻击行为，我不可能面不改色地告诉对方这是儿童发育的正常阶段。

我相信，这一定不能平息男孩妈妈的愤怒。但是，我又不能因为女儿缺乏语言表达自己的感受而去惩罚她。所以，我只能先把重点放在善后上，我先仔细地查看了男孩的胳膊，看看伤得是否严重。所幸男孩的胳膊上只有一排浅浅的牙印，不需要处理伤口，然后我真诚地向男孩及他的妈妈道了歉，并获得了他们的谅解。

做完这一系列事情之后，看到还在哭泣的女儿，我把她搂在怀里。待她情绪缓和之后，我平静而坚定地告诉她："我知道玩具被抢走后你很愤怒，但是你不可以咬人，咬人会让他人受伤，是不被允许的。"女儿似懂非懂地点了点头。然后，我不失时机地对女儿说道："你看，那个弟弟现在被你咬得很痛，我们把这个玩具让他玩一会儿，他就有可能忘记疼痛了。"女儿看了看手上的玩具，虽然有点不舍，但是依然将玩具递给了那个男孩。那个男孩立马破涕为笑，女儿也开心地笑了起来。

那么，当孩子抢别人玩具的时候，家长该怎么做呢？

## 1. 纠正孩子"自我中心"的心理定式，引导孩子学会分享

现在的家庭中大多数都是独生子女，孩子成了几代人心中

的"宝",所以很容易养成孩子以自我为中心的心理定式,变得固执、任性。了解了孩子的这一心理特点,在生活中我们就要耐心、持久地加以引导,引导孩子能将自己的零食、玩具与他人分享,让孩子逐渐体验到除自己以外还有他人的存在。当孩子做了错事的时候,我们应该让孩子知道大人也会伤心、生气、着急……我们可以通过这些情感的表达,让孩子约束自己的不良行为,从而使之慢慢得到控制。

### 2. 树立榜样,"做"比"说"更重要

模仿是幼儿阶段的孩子的主要学习方式,特别是行为习惯方面,所以,父母有意识地为孩子树立榜样是有效的教育方法。

比如,当孩子抢玩具的时候,不要大声地呵斥他,有时候大声呵斥会强化他这样的行为,这时我们可以蹲下来,与孩子商量:"你把玩具先还给小朋友,你可以问问小朋友,可不可以和他一起玩?"或者你可以这样跟孩子说:"你让小朋友先玩,过一会儿我们再玩,宝宝要学会排队啊?"然后帮孩子做一个动作:拿着孩子的手,把玩具还给别人,当孩子把玩具还给别人的时候,不要忘记说一声"宝宝真乖"。

这种方法起到了一个很好的示范作用,让孩子把简单的模仿行为逐渐变为自己成功交往经验的一部分。当然做这个动作的时

候一定要照顾到孩子的情绪，否则孩子会大哭大闹。

### 3. 顺其自然，适当干预

如果孩子的抢夺行为并不是很恶劣，没有对其他孩子造成伤害，而被抢夺的孩子与孩子的力量旗鼓相当，那么我们不妨顺其自然，让孩子自己解决。心理学家皮亚杰曾经说过："孩子之间的社会交往，大人最好不要参与。"事实上，等孩子进入集体生活后，最后解决问题的还是他们自己。所以，孩子在和其他小朋友发生冲突的时候，把解决问题的机会留给他们自己，如此不但可以让孩子相互学习，相互成长，还能提高孩子解决问题的能力。

### 4. 及时表扬，给予肯定

如果孩子改掉负面行为，把玩具还给了别人，我们就要及时表扬他，这样的正面的引导、强化可以促进孩子良好行为的养成。

**想一想**

当孩子做出攻击他人的行为时，你会怎么做？你会为了给对方父母一个交代而严厉地惩罚孩子，还是做出一些积极有效的措施，致力于解决问题？

## 【实践篇】教会孩子遵守规则

我们教育孩子，不能只停留在他的本能上，还要教孩子学会思考，懂得尊重他人并遵守规则。以下几种方法可以教会孩子在生活中遵守规则。

### 1. 耐心地帮助孩子学习规则

年幼的孩子生活在一个以自我为中心的世界，他很难理解并承认世界的各种规则，因此，我们要耐心地帮孩子学习规则，了解周围的世界，并学会遵守一些规则。对孩子规则意识的灌输，可以先从公众场合不大声吼叫，乘坐地铁要安检，等餐的时候需要排队，与小伙伴一起玩耍的时候同一个玩具需要轮流玩等小事开始。

## 2. 当孩子不懂规则的时候，不要责打孩子

婴幼儿不具备辨别能力，他并不知道什么事情该做，什么事情会让父母说"不"，所以孩子不懂规则不是他们的错。当孩子不遵守规则时，我们不能责打孩子，而要多教教他，告诉他什么事可以做，什么事绝对不行。我们可以利用生活中的各种机会给孩子讲规则的作用，让孩子了解到规则能保证我们更好地生活。

## 3. 教孩子如何遵守规则

当孩子具备了一定的规则意识之后，我们也不要期望孩子能一直遵守规则，他仍会不自觉地违反规则。比如，吃饭的时候总是三心二意，睡觉的时候不停地说话，公众场合大声尖叫等，这时，父母就要提醒孩子，督促孩子坚持遵守这些规则。这是我们培养孩子树立规则意识和自理能力的大好时机，非常有利于提高孩子的生活技能，以及培养孩子的良好习惯。

## 第七章

# 确定孩子的需要，才能赢得孩子的合作

## ——学会用孩子的眼光看世界

我不明白我儿子为什么如此不听话，别人家的孩子都可以讲道理，但是我儿子什么都不听。很多时候，我都无法控制自己想要将他暴打一顿。我知道我不是一个合格的父亲，尤其是怒火中烧的时候。但是，我要怎样做才能让孩子乖一点呢？

——汉斯

孩子刚刚来到这个世界，时刻需要我们的帮助，虽然他有时候很不可理喻，经常把事情弄得一团糟，会花费我们很多精力和时间，但这并不是他的本意。

　　所以，当孩子不合作的时候，不要简单粗暴地让孩子屈服，试着去理解孩子的世界，站在孩子的角度去理解他，用和善而坚定的语气，邀请孩子的合作，帮助孩子成长。当我们用足够的耐心对待孩子时，孩子会受益终身。

# 孩子的错误行为背后

下面是一位妈妈跟我分享的她和儿子之间的故事。

我是一个两个孩子的妈妈，儿子三岁，女儿刚刚一岁。由于之前的房子太小，我和先生准备购买一套大点的房子。先生的工作每天都很忙，看房子的任务就落在了我的身上。我是一个非常挑剔的人，即使是大夏天，我也跟着经纪人四处奔波，认真地对比，毕竟买房子是要住一辈子的，不能马马虎虎就定下来。

有一天，我又带着两个孩子去看房，那天的太阳像一个大火球热得让人难以忍受，才走到一半，儿子就开始不停地哭闹，说车里太热，并且表示车里很无聊，不断地要求我赶紧带他回家，相对于儿子来说，一岁的女儿却表现得很安静乖巧。我只好违约，半路打道回府。

第二天，我按照约定和经纪人去看房子，由于前一天儿子一路上喋喋不休地抱怨，我决定让儿子留在家中，还让婆婆帮忙照看。因为女儿还太小，离不开我，再加上前一天女儿也没有给我添过任何麻烦，我就决定带上女儿。

然而，准备出发的时候，儿子却改变了主意，他不要留在家里，他也要跟我一起出门。我提醒儿子，昨天他一路上的感觉都非常糟糕，留在家会让他更舒服一点，但是儿子坚持要去。我一想到之前儿子的表现，完全没有信心将他带上，于是坚持自己的决定，并给了儿子一些零花钱，特许他可以和奶奶一起去买一个冰淇淋，然后我就带着女儿走了。

下午，我和女儿回到家后，简直不敢相信自己的眼睛，我发现女儿最喜欢的小猪佩奇被儿子用彩笔画得面目全非。见此情形，我既伤心又愤怒："他怎么能做如此恶劣的事？"于是，我狠狠地打了儿子一顿，然后将儿子关进房间里进行自我反省。

过了一会儿，我走进儿子的房间，问道："你是不是觉得我今天只带妹妹去、却没有带你去，是因为我爱妹妹多一点？"

"是的。"儿子小声回答。

"我能理解你为什么会那么想，当你这么想的时候你肯定很难过。"我说道。

听到我分析他的感受，儿子又开始哭了起来。

"我将儿子抱在怀里安抚了一会儿，等儿子不哭了，又接着说道：'我能理解你的感受。'但是，你知道妈妈今天为什么没有带你吗？"儿子点了点头，我出发的时候已经跟他说过许多次把他留在家的原因了。

我接着说道："昨天天气太热了，看到你那么难受，我真的很心疼，而且看房子这件事也的确没有什么乐趣可言，所以，我觉得你留在家里会更舒服一点。你能理解妈妈说的这些吗？"

"可是，你带走了妹妹。"儿子低声说。

"我带走妹妹，并不是因为我更爱妹妹，而是因为她还太小，她需要妈妈。儿子，我非常爱你，我对你的爱并不亚于妹妹。"我说道。

"妈妈，我知道错了。"儿子终于理解我的话了。

我高兴地搂着儿子，亲吻了他的额头，然后问道："我们一起把妹妹的玩具洗干净，好吗？"

"我想，那个玩具没有办法洗干净了。"儿子的小脸垮了下去。

"那我们该怎么办呢？那可是妹妹最喜欢的玩具。"我也皱起了眉头。

"妈妈，我把我最喜欢的小熊给妹妹，好吗？"儿子想到了一个办法。

"好主意，可是，那是你最喜欢的玩具呢？"我说。

"是我弄坏了妹妹的玩具，我应该赔她。"儿子说。

"那好吧，儿子你真棒！"我采纳了儿子的建议。当妹妹看到哥哥把一直不肯给她分享的小熊递给她的时候，兴奋得两眼放光。我和儿子的关系也恢复如初。

这位妈妈处理这件事用的方法非常值得借鉴。首先，她认识到儿子的错误行为是因为他认为妈妈不爱他，所以才用破坏妹妹玩具的行为来报复。在愤怒掩盖理智的情况下，这位妈妈严厉地惩罚了儿子，但是很快她认识到惩罚并不能让儿子真正地认识错误，承担自己的责任。于是，她才走进房间，采取了第二步教育手段。最终，她的儿子认识到了自己的错误，主动承担自己犯错之后的责任，并努力弥补自己错误行为带来的后果。

大多数时候，孩子并不是故意犯错。孩子的行为是以目的为导向的。比如，说当孩子发现家长对小一点的孩子更加关注时，就错误地以为自己变成一个小宝宝就能得到父母更多的爱，于是孩子就像小宝宝一样哭闹，甚至是尿裤子……

我们只有看清孩子错误行为背后的真实原因，才能找到解决问题的根本方法，如此亲子关系才会越来越亲密，这样孩子的报复行为结束了，伤害或破坏性的行为也会跟着消失不见。

> **想一想**
>
> 　　当你的孩子出现不良行为的时候，你会如何运用正面管教的工具来解决问题？当孩子反复出现这种不良行为的时候，你该怎么做？

## 告诉孩子，你能理解他的处境和感受

面对孩子的"不听话"，很多父母常常会不顾孩子的感受，强硬地制止孩子不听话的行为，要求孩子坚决执行自己的决定。这样做的结果只有一个，那就是孩子大哭大闹。

由于工作的原因，我们举家搬到了一个新的城市。刚到这个城市的时候，也许是突然到了一个陌生的地方，女儿的秩序感被破坏，原本作息时间很好的女儿变成了"夜猫子"，有时候半夜了还精力旺盛，在床上蹦蹦跳跳，就是不肯乖乖睡觉，这让我感到特别崩溃。

有一天夜里12点了，女儿还要我给她讲故事，在床上翻来覆去地不睡觉。当我耐着性子给她讲完《灰姑娘》时，女儿更加兴奋地睡不着，然后开始了她的十万个为什么。

"妈妈，灰姑娘的妈妈去哪儿了？"

"灰姑娘的水晶鞋为什么会掉？"

"继母为什么要切掉女儿的脚后跟……"

最后，我忍无可忍，对她一声大吼："都几点了，快点给我睡觉！"

女儿见我吼她，大哭起来。我更加焦躁，说道："你再哭，我就打你屁股。"

妈妈一点也不理解我，算了，不和她说了。

这句威胁的话并没有任何作用，女儿哭得更凶了。于是我扬起手，就要打女儿。就在我的手将要拍在女儿屁股上的时候，我决定改变我的态度，试试用正面管教的方法看看能否赢得女儿的合作。

于是，我深吸一口气，平复一下我的怒气，尽量用温柔的语气跟女儿说道："我知道你现在还不想睡。"

女儿抬起头来，狐疑地望着我的脸。我继续说道："小时候，妈妈第一次去外婆家玩的时候，也是连续两天都兴奋得睡不着，于是你外婆就狠狠地打了妈妈一顿，打得妈妈可疼了。"

"真的吗？妈妈你小时候也挨过打吗？"女儿停止了哭泣，感兴趣地问我。

"是啊，妈妈不听话的时候，你外婆也会打我。"我回答道。

"我只是睡不着。"女儿委屈地说。

"妈妈跟你一样，也只是睡不着。可是，大人第二天会有很多工作，所以他们需要休息。"我说道。

"妈妈，最后你睡着了吗？"女儿问。

"妈妈睡着了呀。妈妈闭上眼睛，闭上嘴巴，不一会儿就睡着了，你也可以试试。"我建议道。

女儿听从了我的建议，闭上眼睛，不再说话。不一会儿，女儿就睡着了。

　　我的目的只是让女儿停止哭泣，乖乖睡觉。最开始我的怒吼并没有达到自己的目的，相反女儿心里更加抵触睡觉，不愿意跟我合作。但是当我转变态度之后，表示自己理解女儿的感受，并和女儿产生共情，女儿便愿意听我说话，最终赢得了女儿的合作。

　　在整个过程中，我采取了四个步骤。

### 1. 表达出对孩子感受的理解

　　孩子为什么会不听话？究其原因是我们忽略了孩子的感受。当我们表达出对孩子感受的理解时，当然会获得孩子的信任和亲近。

### 2. 与孩子产生共情

　　告诉孩子我们曾经也有和她一样的经历，与之产生共情，并表达出对她的同情。但是这只意味着我们理解孩子的感受，并不代表这样的做法是对的。

### 3. 表达出自己的感受

　　有了前面的基础，这时候孩子基本愿意听我们说话了。此时，我们可以告诉孩子自己面对这一行为的感受，这样的行为会对别人产生什么样的困扰，对自己造成什么样的后果，指出孩子的错误。

### 4. 让孩子关注于解决问题

引导孩子解决问题，并询问孩子如果再遇到这样的问题该怎么解决。如果孩子没有很好的办法，我们可以提出一些建议，并得到孩子的认可。

总之，友善、理解和尊重的态度，是赢得孩子合作的前提，任何妄图控制或操纵孩子的行为都会遭到孩子更加激烈的反抗。假如我们能转变自己的态度，先听听孩子的声音，让孩子感受到我们是理解他们的，一旦他们觉得自己被理解了，就更容易接受我们的意见了。

**想一想**

在养育孩子的过程中，你是如何让孩子与你合作的？是赢得孩子还是赢了孩子？这二者有何区别？

## 威胁、恐吓孩子，并不能解决问题

某天，天快要黑的时候，一个不愿意回家的小女孩还在跟妈妈耍赖："我不回家，我不回家，我就要在外面玩。"这个女孩看起来两岁左右。

"天已经黑了，所有孩子都已经回家了，明天我们早点出来，你就可以多玩一会儿了。"那位妈妈耐着性子哄着孩子。

这个小女孩并没有乖乖地听话，反而一屁股坐在地上，越哭声越大。那位妈妈见孩子拒绝合作，就威胁孩子道："你快起来，你要是再不起来，我就不管你了。天黑了，大灰狼就会来把你叼走。"妈妈说完，真的头也不回地走了。

小女孩见妈妈真的走了，以为妈妈真的不要她了，赶紧从地上爬起来，追上去抱住妈妈，嘴里还哭喊着："妈妈，妈妈，我不哭了。您看，我都没有眼泪了。"小女孩努力擦眼泪，生怕妈妈不要自己的样子，让人心疼极了。

生活中这样的场景很常见。当孩子哭闹不止的时候，我们很喜欢这样威胁孩子："你再哭，爸爸妈妈就不要你了。"这样的方法似乎真的很奏效，除了少部分孩子因为害怕而哭得更加厉害之外，大多数情况下孩子都能被迫停止哭泣，因为如果父母不要自己，这无疑是孩子最害怕的事。

威胁、恐吓孩子并不能解决问题，反而会制造出新的问题。孩子并没有辨别的能力，父母是孩子最值得信赖的人，孩子越小，对父母的眷恋就越深，当父母说"不要你了"这句话时，孩子就会当真，如果常常用威胁、恐吓的方式教育孩子，孩子的内心就会感到极度的恐慌和不安，从而陷入自我怀疑中，认为父母不爱自己。如果这样长久下去，会使孩子养成怯懦的性格。

心理学家指出，不要让孩子的心灵充满恐惧、忧虑、悲伤、憎恨、愤怒和不满，这些情绪和情感会引起孩子身心虚弱，影响孩子身体健康。如果经常让孩子生活在恐惧中，会让孩子不堪重负。这种精神上的不安会对孩子的身心健康非常不利。

更重要的是，对于管教来说，威胁、恐吓孩子并不能真正地解决问题，孩子的听话也只是暂时性的，因为孩子很快就会发现父母并不会真的不要自己。渐渐地，孩子就不会再相信父母那些威胁的话语了，该哭闹的时候依然会哭闹，那些威胁的话也不起任何作用了，于是再也没有什么事情会让他们害怕了，这样的孩子也会变得越来越难管教。

当威胁、恐吓孩子没有任何作用的时候，我们不妨转变态度。当学会好言相劝，耐心引导的时候，我们会发现这样的管教方式比威胁孩子、强迫孩子服从的效果要好很多。那么，具体来说，我们应该怎么做呢？

我们在与孩子交流的时候，语气要温和。同样的话，说话语气不同，产生的效果也不一样。没有人喜欢被人威胁或指责，孩子也不例外。严厉、粗暴的语气只会让孩子产生抗拒感，孩子又怎么会乖乖听话？

当然，对孩子的态度也要足够尊重。父母不要摆出一副居高临下的样子来对待孩子。任何人都需要被尊重，孩子也一样。如果我们在与孩子交流的时候能够把尊重放在首位，就会收到意想不到的效果。所以，请跟孩子进行平等的对话。

想一想

你对孩子说过哪些威胁、恐吓的话？是否收到了你想要的效果？从长期来说，这对孩子有什么影响？今后你会如何做？

## 你的"道理"孩子听得懂吗

　　法国著名哲学家卢梭说过这样一句话："三种对孩子不但无益反而有害的教育方法是：讲道理、发脾气、刻意感动。"

　　生活中，这三种教育方式都是家长经常用的，尤其是讲道理。当孩子不听话或者是做出不当行为之后，家长就开始讲道理，直到听到孩子说知道了，方才罢休。然后心满意足地觉得自己是一个懂道理的父母。但是，这些道理孩子真的明白了吗？又会起到怎样的效果呢？

　　女儿学会走路之后，见什么都感觉新奇，在卫生间里找恐龙，还喜欢把卧室的门关上，钻进衣柜里捉迷藏……突然有一天，我发现卧室的门上没有钥匙，这一发现让我直冒冷汗。假如孩子把自己反锁起来，我在外面无法打开，她在里面无法出来，那该怎么办？

于是后怕不已的我开始给女儿讲道理："宝宝，妈妈跟你说，你现在还小，不懂得怎么开反锁之后的门，如果你把门在里面关上，然后不小心将它反锁了，你在屋里打不开，妈妈在外面也没办法打开，那怎么办？"

"我把自己关在里面了，妈妈没办法来救我。"女儿听了我的话，接着说道。

"是啊，宝宝真聪明，一下子就懂了。以后再也不要关门了，好不好？"我给女儿树了个大拇指，并欣喜女儿一说就通。

"好的。"女儿痛快地答应了。

令我没有想到的是，女儿刚刚答应我不再关门，却就在我转身的瞬间，把门"砰"的一声关上了。

我生气极了，一把推开门，怒吼道："跟你说过多少次了，不要关，你都当耳旁风了？你这孩子怎么就听不懂道理呢？"

女儿眨着眼睛，无辜地说道："妈妈，你不要吼嘛，你是在开玩笑吗？"然后她依然玩弄着门上的锁。

我的怒气在女儿软萌的声音中烟消云散。我一下子冷静下来，看到女儿可以轻易地够着门上的锁，还在那里拧来拧去，脑海里突然闪现出一个问题："我总是在强调女儿不要锁门，为什么我不教会她如何开门呢？"

我蹲下身子，抱住女儿说道："妈妈不吼你，来，妈妈教你如何开门，好不好？"

"好！"女儿兴奋极了。

于是我先做了一遍示范，然后指导女儿向左拧是反锁，向右拧是开锁。女儿照着我说的做，一下子就学会了。我又让她反复试了几遍才真正放下心来。现在，我再也不会担心女儿将自己锁在屋里了，女儿也能畅快地玩耍了。

总是给女儿强调不要关上卧室的门，并一遍又一遍地告诉女儿把自己反锁起来的后果并没有任何作用，与其苦口婆心地跟孩子讲道理，不如理解孩子爱玩的天性，有建设性地教孩子面对问题，解决问题。

美国教育家杜威指出："教育孩子并不是一件'告知'与'被告知'的事情，而是一个主动的、建设性的过程。"要使孩子懂道理，我们一方面要告诉孩子正确的道理，另一方面要引导孩子在实践中获得经验，这才是从根本上解决问题的主要途径。

具体来说，我们应该怎么做呢？

## 1. 用具体的规则代替道理

我们只跟孩子讲道理，孩子有可能一只耳朵进，一只耳朵出，或者是嘴上答应，却不立即执行。所以，我们最好给孩子制定可执行的规则，让孩子按规则行事，如此，我们才能把道理转化成实际行动。

## 2. 用讲故事或做游戏的方式代替讲道理

对于低龄儿童来说，那些说教式的大道理他们既听不进去，也听不懂。要想让孩子接收我们的大道理，最好的方式就是把道理贯穿在一些生动的故事，或者好玩的游戏中。当讲道理这条路行不通的时候，我们可以试着给孩子讲一个故事，或者陪孩子做一个有趣的游戏。

## 3. 沟通不是一个人的事，要注意孩子的信息反馈

我们和孩子沟通的时候，不要只顾着自己一个人在那里喋喋不休，要顾及孩子的感受，注意孩子的信息反馈，否则，我们说再多的道理都是白费口舌。

## 4. 学会用商量的口吻跟孩子说话

父母与孩子的关系应该是平等、民主、互相尊重的。父母在

与孩子沟通的时候，要改变居高临下的态度，学会尊重孩子，用商量的口气跟孩子说话，如此，孩子的许多对抗和矛盾都会迎刃而解。

**想一想**

你喜欢跟孩子讲道理吗？你的那些道理孩子能否听得懂？如果再遇到相同的状况，你会选择什么样的方法？

# 学会使用建设性语言

生活中很多父母觉得孩子"不听话"，你让他不要干什么，他就偏要干什么。那么，这是孩子故意在跟我们作对吗？显然不是！

因为我们的"你不要""你不许"的管教话语往往伴随着命令的口吻，所以当我们告诉孩子"你不要"的时候，孩子就会从心里抵触父母的这一要求。但是如果我们能把"你不要这样做"换成"你需要这样做"的时候，你会发现效果完全不一样。

比如，已经到了睡觉的时间，孩子还在看电视。如果你简单粗暴地跟孩子说："不要看电视了。"大多数孩子不会乖乖地关掉电视。假如我们这样说："宝宝，再看一分钟，我们就关掉电视去睡觉吧！"用和善的语气，明确地告诉孩子该做什么，这样建设性的语言更容易赢得孩子的合作。

一天，我们到姐姐家去玩，三岁的小外甥和他奶奶去了超市，天快黑的时候才回来。

小外甥一进门，看见我们一家都来了，非常高兴。他一下子扑在我怀里，想要表示亲热。结果刚抱住我，就听见姐姐的呵斥："不要人来疯，小姨坐了一整天的车，挺累的。"

于是他悻悻地从我身上下来，然后一眼就看见了我们带来的土特产放在桌子上，他好奇地走过去，刚要翻看是什么，却听见姐夫的声音："不要把东西翻得到处都是。"小外甥只好缩回已经伸出的手。

他转了转头，看见坐在沙发上看电视的我的女儿。为了表示对这个小表妹的喜爱，他去卧室把他珍藏的玩具挖掘机、装载机一股脑儿地搬到了小表妹的面前。显然，我女儿并不喜欢他的这些玩具，求助地望着我说："妈妈，我不要这些东西。"

小外甥的奶奶看见了，赶紧说道："妹妹不喜欢玩这些玩具，你赶紧放回去。"

小外甥非常沮丧，一连串的挫败让他不知道此时该如何是好。于是，他瘫倒在沙发上，无聊地抠自己的指甲。然而，他的这个举动，引起了爸爸、妈妈、奶奶三个人的重视，只听见他们三个人同时制止道："不要抠指甲！"

在小外甥回到家的这段时间，所有人都在告诉他"不要做××"，没有一个人告诉他"需要做什么"。最终的结果是孩子手足无措，不知道自己该怎么做。

英国女王维多利亚小时候曾在德国接受教育，她在给友人的信中这样抱怨说："他们总在告诉我，作为一个可能继承王位的人，不应该这样，不允许那样。那么请问，有没有人告诉我，应该怎样做？我需要做些什么？"

"我需要做什么？"这正是所有孩子应该向父母提出的一个问题。作为父母，我们对孩子除了否定性的"不许做什么"之外，我们是否有建设性的引导孩子"应该怎么做"？

　　孩子是一个初生的、未经世事的婴幼儿，他来到这个完全陌生的世界，对一切事物都充满好奇。当这个小生命在探索这个世界的时候，总是会犯错。这个时候，父母作为他最亲近、最信任的人，应该鼓励他这种积极的、勇敢的探索行为，并用自己丰富的人生阅历去引导他，而不是冷眼旁观，或者粗暴地用一个个"不许""不要"来打击他、压制他。我们管教孩子之前先问问自己："我这样做，是给予孩子力量，还是在打消孩子的积极性？"所以，在与孩子交流时，我们应该学会使用建设性的语言。

　　那么，如何使用建设性语言呢？其实做到"使用建设性语言"并不难，我们只需时时留意，把平时常说的否定式语言变成肯定式语言即可。比如，当孩子把自己的玩具乱扔的时候，你把"不许乱扔东西"换成"玩具玩完后，要放回原处"；当家里来客人，孩子变得有点"人来疯"时，你把"不许没礼貌"换成"给叔叔阿姨问好，然后自己去玩"……

　　当父母把一切不许做的事物换成了可以做的事物时，对于孩子来说更容易接受父母的意见，这些建设性的话语也会引导孩子做正确的事。

**想一想**

　　你会对孩子使用建设性语言吗？在生活中，你是怎么做的？试着举几个例子。

# 【实践篇】一些对婴幼儿行之有效的管教方法

一提到管教，大多数父母都会认为"管教"就是"惩罚"。事实上，真正的管教是正确地"教"和"管"，管教的目的是帮助孩子学会社会技能、人生技能，而不是教你用惩戒责打的手段来纠正孩子的行为。那么，什么是行之有效的管教方法呢？

## 1. 理解和尊重，温柔而坚定

父母要理解孩子的需要，尊重孩子内心的想法，让孩子看到我们的温柔和善，如此才不会进一步激化亲子矛盾。但是我们也需要尊重自己，不能无条件地任孩子摆布，所以，我们需要让孩子看到我们的坚定。比如，孩子在外面玩耍到天黑，依然不想回家时，我们可以这样说："我明白，你和你的小伙伴们玩得正高兴，现在让你和他们说再见很难，但是现在天已经黑了，我们该回家了。"这样做，既能表示我们对孩子感受的理解和尊重，又能表达我们的坚定立场。

### 2. 理解孩子不良行为背后的真正原因

不仅是孩子，即使是大人，做任何事都是有原因的，孩子很多的不良行为都能给我们一些信息。比如，孩子哭闹不止其实是在寻求我们的关注；孩子大发脾气其实是在寻求大人的帮助。事实上，孩子的很多不良行为都不是孩子故意要搞破坏，他们只是觉得自己的需要没有被满足。所以，采取一些积极的方式满足孩子的需求，是防止孩子行为偏差的有效手段。

### 3. 专注于解决问题，而非惩罚

严厉地惩罚孩子永远解决不了问题，反而会加深问题的严重性。惩罚只会让孩子心生报复和怨恨，对改善孩子的行为没有丝毫帮助，也不能教会孩子任何东西。如果我们能采取积极有效的措施致力于帮助孩子解决问题，满足孩子的心理需求。如此，不但能让孩子的行为得到纠正，还会让孩子理解不良行为并不是寻求需要的唯一途径，也不是最佳的途径。

## 第八章

# 0~3岁孩子的良好习惯养成术

## ——智慧地邀请孩子合作

我的孩子现在都快三岁了，还没有养成独自入睡的习惯，每天都要我搂着睡。吃饭的时候也要我追着喂。更让人头疼的是，只要家里有零食，即使追着喂，他也不会张开嘴乖乖吃饭。唉，都怪我当初太溺爱他了，没有让他养成良好的习惯。我需要从现在起开始训练他一些基本的生活技能吗？比如，独自睡觉，自己吃饭，有节制地吃零食，自己上厕所等。

——露娜

孩子的吃饭、睡觉、如厕，这三个问题让大多数父母都深受困扰。在养育孩子的过程中，我们为什么会有这么多困惑？除了缺乏育儿知识和技能之外，我们还缺乏对自己和对孩子的信任和信心。很多时候，我们还没有尝试，就已经认定自己或孩子做不到。

尊重孩子自身的发展规律，采用适当的方法邀请孩子进行合作，让孩子逐渐学会掌控自己的饮食、睡眠和如厕。这样我们会发现养育孩子会变得更轻松，孩子也会在学着掌控自己身体的过程中获得能力感。这对孩子和父母来说，都是一种成长。

## 断奶是最初的放手

　　在孩子一岁多的时候，我们会发现有一部分婴儿会对母乳不感兴趣，这其实就是宝宝发出的已经准备好自然断奶的信号。如果抓住这个机会，我们就会发现断奶并没有想象中的那么难。但是很遗憾，在现实生活中，大多数父母都会忽略这个信号。当发现孩子对母乳失去了兴趣时，作为妈妈可能会担心孩子是不是不舒服？脾胃是不是不好？当我们想方设法把乳头塞进孩子的嘴里时，看到孩子乖乖吃奶之后才会如释重负。

　　事实上，是我们对孩子的信号解读有误，也因此错过了最佳的断奶时期。错过这次孩子自主萌发的断奶时机之后，孩子吃奶就会变成一种习惯，并非身体的需要。并且，这种习惯一旦养成，就很难改变，所以断奶就会变得更加困难。

对于某些父母来说，他们会觉得母乳是给孩子最好的礼物，希望孩子吃的时间越久越好。的确，这样的做法没有什么不对，只要母亲和孩子彼此都不排斥，我们也可以根据自己的实际情况延长母乳时间。

但是，假如长期的母乳喂养让你感到痛苦不堪，你可以选择断奶。断奶作为妈妈的第一次放手，很多妈妈会舍不得这段特别的亲子时光，因为这意味着妈妈和孩子之间要用其他的方式建立依恋关系和沟通方式。但是，断奶也是孩子一生中的第一次成长，作为妈妈，要舍得放手，这样才有助于孩子成为一个独立、自主的人。

过去老人们都喜欢采用孩子和妈妈分开的方式进行断奶。包括我给女儿断奶的时候，我的婆婆就主动要求将孩子交给她带一周，因为这是她们的成功经验。我很庆幸我没有采用她们的经验，而坚持采用了科学断奶的方法，自始至终都陪在孩子身边。事实证明，断奶没有想象中的那么难。

断奶并不代表抛弃，在断奶的期间，孩子需要父母大量的爱和支持。假如在这个时候，我们将孩子交给其他人，我们无法想象孩子会表现得多么绝望，这可能就是大多数断奶的孩子哭得撕心裂肺的原因。

所以，在断奶的过程中，父母一定要陪在孩子身边，对孩子和自己充满信心，相信我们能做到。当孩子需要我们的时候，从心理和情感上给予孩子一定的支撑，让孩子感受到父母对他的爱，如此才能让孩子的心灵得到安慰，才不会让孩子的安全感随着母乳的消失而消失。

那么，除此之外，我们在断奶的时候应该注意什么呢？

### 1. 改变饮食习惯

断奶的时候在饮食方面要稍加注意，不要食用过多的下奶食物，如鱼汤，肉汤等。这些食物吃多了，妈妈会分泌更多的乳汁，如果乳汁不能正常地排出，从而淤积在乳房里，对妈妈的身体非常不利。

### 2. 选对时间

断奶的时间最好选在不冷不热的时候，如春天或者秋天，这样对大人和孩子都好。

### 3. 循序渐进

断奶不是一蹴而就的，是一个循序渐进的过程。可以先控制孩子白天的吃奶次数，再控制晚上的吃奶次数，循序渐进地减少给孩子喂奶的次数，这样做基本上不到一周就可以完全戒掉。

4. 科学回奶

断奶时喝一些麦芽茶可以帮助回奶，也可以让医生开一些帮助回奶的药，这样可以使妈妈免受胀痛之苦。

最后，断奶的时候，最好不要让孩子跟妈妈分开，要知道，断奶的时候，孩子最需要的就是妈妈的爱。

**想一想**

你是否也错过了孩子第一次自主萌发的断奶机会？

是什么原因让你想要延长母乳喂养的时间？

## 吃饭这件让人头疼的事

和朋友聊天，她说最近孩子太不听话了，最让人头疼的就是吃饭。她花了 30 分钟时间给我还原了他们一日三餐的场景。

"宝贝，早上想吃什么呢？"朋友问儿子山山。

"我想吃煎鸡蛋。"山山开始了他的点餐之旅。

朋友开始认真地做煎蛋，第一个煎得太老，因此山山尝都没有尝就说不要；第二个煎得太嫩，山山咬了一口蛋黄就流出来了，哭闹着扔了；第三个煎得不老不嫩刚刚好，但是山山却说不想吃煎蛋了，要吃鸡蛋羹。于是朋友开始打鸡蛋，准备蒸鸡蛋羹时，电视里面正在播放八宝粥的广告，山山于是说道："妈妈，我要吃八宝粥。"幸好电饭煲里做着八宝粥。朋友把粥盛出来后，山山吃了一口，他又改变主意要吃面包。家里没有面包，朋友急忙去楼下的超市买回来……

这只是一个早餐，就足以让朋友手忙脚乱。

曾经，女儿在吃饭这件事情上也是一个"问题儿童"。当我发现后，我就开始有意识地寻找一些方法，培养女儿的吃饭习惯。我是这样处理女儿的吃饭问题的。

在早餐开始之前，我会让女儿帮我做一些准备工作，如摆碗筷、搅拌鸡蛋。女儿还没有满三岁就会搅拌鸡蛋了。为了防止鸡蛋液溢出来，我会给她准备一个很大的碗。通常，早餐我会给她两个选择，比如吐司加鸡蛋，或者是小米粥配点小菜。

当女儿选了吐司加鸡蛋，尝了一口之后，她改变了主意："妈妈，我不喜欢吃吐司。"我会这样说："好吧，吐司就是这样的味道，我没有办法把它变得更好吃。如果你不想吃就不吃吧，等午餐的时候妈妈给你做好吃的吧。"我不会试图说服女儿吃掉吐司，也不会像朋友那样给她换其他的早餐，我只是想让女儿体验一下她选择所带来的后果。

饭后一个小时不到，女儿就钻到我的怀里撒娇地说她饿了。我说："我知道你饿了，但是离吃午饭时间还有两小时，我相信你能坚持到中午。"最开始，女儿并不习惯我的做法，她也会发脾气，甚至哭闹撒泼。我会温柔地安抚她的情绪，但是依然坚持我的原则。到了午饭时间，女儿乖乖地吃了一大碗饭。

不好好吃饭是大多数孩子都会出现的问题，父母在对待孩子吃饭的问题上出奇地一致：只要孩子不好好吃饭，大人就开始紧张。好像孩子少吃一顿饭就会长不大似的，结果快乐的用餐时间却变成了一个没有硝烟的战场。

其实，孩子少吃一顿饭无关紧要，重要的是培养孩子的吃饭习惯。

### 1. 培养孩子独立吃饭的习惯

很多父母怕孩子吃饭会弄脏衣服，怕孩子将碗打碎，或者嫌孩子吃饭太慢。于是，父母喜欢采取喂饭的方式。这样做，的确很省事，吃完饭父母不用打扫孩子的"战场"，但是孩子也因此失去了锻炼独立生活的机会，变得更加依赖大人。

吃饭是孩子学习独立生活的重要一步，我们不应该剥夺孩子学习的机会，要让他们自己去做，碗打破了可以再买，衣服脏了可以洗，但是如果孩子的成长时机一旦错过了，那就永远也找不回来了。

2. 拒绝偏食

大部分孩子身体素质差就是不好好吃饭或者偏食造成的，大多数家庭的餐桌上都是孩子喜欢吃什么就有什么。妈妈的菜谱也是由孩子的喜好而定，因为大多数妈妈都是这样想的："能吃点，总比什么都不吃好。"久而久之，孩子就养成了偏食的习惯。

孩子在长身体的时候挑食是一件不可忽视的事情，营养均衡很重要。对于孩子讨厌的食物，我们不妨改变一下烹饪方式，让孩子讨厌的食物变得不那么讨厌，这样或许就可以解决孩子的偏

食问题了。

另外，当孩子不好好吃饭的时候，有些父母就用零食代替，其实大部分零食都没有什么营养价值，把零食当饭吃不利于孩子的身体健康，还会让孩子更加不喜欢吃饭。

### 3. 培养孩子的专注力

有的父母为了哄孩子吃饭，让孩子一边看电视一边吃饭，或者是追着孩子满屋跑喂着吃饭，这些方法都是不可取的。

只有把吃饭当作一件重要的事来做，孩子才会专心致志地享受快乐的用餐时光。所以，吃饭的时候，我们应该营造良好的就餐环境。比如，一定要在餐桌上坐着好好吃饭，吃饭的时候一定要关掉电视机，把玩具收起来等。

### 4. 培养孩子的餐桌礼仪

一个人的吃相会体现他的家庭教养。

餐桌礼仪要从小培养，吃饭的时候要保持端庄的坐姿，不要在盘子里挑来挑去，要教育孩子礼让长辈，不浪费粮食等。

> **想一想**
>
> 你是否也强迫过孩子吃饭？最终的结果是什么？看完这节内容之后，你有什么启发？

## 与垃圾食品做斗争

现在社会，五花八门的食品层出不穷，孩子的零食种类繁多，但研究发现，看起来超级美味诱人的食物对孩子的健康成长没有任何帮助，甚至很多孩子的健康却因为这些零食受到了影响。那么，我们该如何做才能让孩子远离垃圾食品，养成健康的饮食习惯呢？

首先，我们可以只为孩子提供健康又营养的食物，不购买垃圾食品。虽然大多数零食和糖果会给孩子带来快乐，但是它们并不会为孩子带来健康。假如我们为了满足孩子的一些欲望给他买一堆垃圾食品，我们就要认真地考虑这样做带来的后果，这很可能会给孩子的健康埋下隐患。

其次，为了帮助孩子养成健康的饮食习惯，我们要为孩子做出健康饮食的榜样，拒绝高脂、高盐、高糖的食物。假如我们不允许孩子吃那些垃圾食品，而我们自己却吃得津津有味，那么孩子就会认为这些东西其实是可以吃的，是我们在哄骗他。如此，不但不会说服孩子养成健康的饮食习惯，还有可能让我们在孩子面前失去威信。

再次，给孩子提供可替代的特殊食物。我们可以精心制作一些健康又有营养的零食替代那些垃圾食品。假如孩子想要吃奶油蛋糕，我们不要直接说："不，你不能吃那些高热量的甜品。"我们可以说："来尝尝妈妈做的紫薯饼，它和奶油蛋糕一样甜，这是你的特别零食，可以帮助你长高高哦。"这样做有助于赢得孩子的合作，而经过一段时间之后，用健康的食物代替垃圾食品就会变成孩子自然而然的饮食习惯。

最后，让孩子跟我们一起做食物。如果我们的孩子对餐桌上的食物不感兴趣，反而对那些垃圾食品情有独钟，我们可以和孩子一起参加一日三餐的计划。无须和他争吵，或者费尽九牛二虎之力让他明白垃圾食品的危害，健康食品的益处。我们只需要让他跟我们一起选择食材，在厨房里跟我们一起制作食物，假如他觉得这个可口的南瓜派是他自己做的，相信他就会觉得这个比烧烤味的薯片美味得多。

除此之外，我们还要鼓励孩子多进行健康的运动，即使对学步期的孩子也不例外。在当今时代，很多大人坐着的时间都比站着的时间多，孩子更加动得少，这对于孩子的身体健康来说并不是好事。

孩子最重要的品质就是自律，假如我们能在食物和饮食习惯上让孩子从小养成自律的品质，那么，孩子在今后的生活和学习上也更容易变成一个自律的人。

---

**想一想**

你会为了取悦孩子而给他买零食吗？你为孩子养成健康的饮食习惯做了哪些努力？成果如何？

# 培养良好的睡眠习惯

　　我的女儿现在已经三岁了，对于一个没有任何经验的新手父母而言，面对女儿的睡眠问题毫无办法。女儿是一个精力特别旺盛的孩子，除了出生后的头几个月睡得多之外，后来的日子里我女儿都是睡觉困难专业户。可以这么说，在对她所有的养育问题中，睡觉是让我最为头疼的一件事。

　　女儿出生之后，面对那张可爱的小脸，我觉得怎么看都看不够，无时无刻不想把她抱在怀里。当先生建议我在孩子入睡之前把她放在自己的小床上时，我一意孤行地说："让她在我怀里睡着之后再放。"等孩子好不容易睡着之后，我又害怕这个时候把她放在床上会将她弄醒。就这样，我总是有各种各样的理由抱着睡得香甜的孩子。

当女儿越来越大，抱着她睡觉变得不再那么轻松时，我尝试着将她放在床上睡觉。但是她根本无法自己入睡，每天哄她睡觉都要我表演十八般武艺——唱歌、讲故事、挠痒痒，各种折腾之后，最后还要将她搂在怀里轻轻地拍着她的背，如此，她才会渐渐入睡。直到现在我都认为，哄孩子睡觉都是我最大的噩梦。

我相信，同样的问题还困扰着很多年轻的父母。不管我们多爱孩子，当孩子想要睡觉的时候，请把他放在自己的小床上，让其自己入睡。对于吃几口奶就会睡着的初生婴儿来说，这个阶段自己睡着并不是一件难事，我们无须把他抱在怀里，轻轻地摇他，安抚他。如果孩子已经在我们的怀里睡着了，也不要怕放在床上会将他弄醒，即使孩子醒来玩一会儿再睡觉也并无大碍。

从现在起，我们可以帮助孩子戒除这个不良习惯，这个过程有点辛苦，但是，等帮助孩子建立好良好的睡眠习惯之后，我们会比之前轻松许多。

在最初的几个晚上，孩子可能会哭，但是请坚持下来。不要担心孩子会怀疑我们对他的爱，他在白天已经得到了我们大量的关注和爱，他不会因为我们不抱着他睡就认为我们不爱他。在这期间，我们可以每隔几分钟去安慰安慰他，每次间隔的时间都要比上一次长几分钟，如此坚持最多一周，他就会学会独自入睡。

假如当孩子哭的时候，我们也跟孩子一样痛苦，最终我们选择躺下来陪着他，或者是抱他，娇惯他，那么，我们就要做好为他的不良睡眠做长期斗争的打算。任何习惯的养成，最初都会很痛苦，孩子会抗拒是正常不过的事，孩子哭泣并不意味着我们的选择是错误的。作为父母，我们最重要的任务就是做出有益于孩子身心健康的选择。

下面是一些关于建立良好睡眠习惯的小技巧，希望对大家有所帮助。

### 1. 建立睡眠常规

帮助孩子建立良好的睡眠规律，让作息时间保持一致。具体来说就是定时洗漱，定时上床，定时睡前故事，第二天准时起床。当孩子稍微大一点儿时，我们还可以和孩子一起建立一个就寝惯例表。睡觉前应该做什么，让孩子自己告诉我们，我们可以帮他把这些都写下来。对自己参与并完成的事，孩子总会感觉很自豪，这种自豪也是一种能力感，这会让孩子更加遵守自己制定的规则。

### 2. 坚持与孩子之间的约定

假如到了就寝时间，孩子还不想睡时，不要与孩子争论，我们可以这样告诉孩子："我知道你现在还想玩耍，但是你自己制定的就寝惯例表上显示，现在你该上床听妈妈讲故事了。"整个过程，我们需要和善而坚定。另外，很多时候，孩子可能在我们给他讲完约定好的两个故事之后依然兴致很高，要求我们再为他讲一个故事时，请遵守和孩子的约定，如此，才能避免我们完全被孩子操纵。

### 3. 为孩子创造一个舒适的睡眠环境

任何人都有自己的偏好，孩子对睡眠环境也有自己的要求。有的孩子习惯在黑暗中入睡，而有的孩子会害怕一片漆黑；有的孩子习惯听一些轻柔的音乐，而有的孩子要求环境绝对的安静，就连呼吸声也会让他立马清醒……我们应该尊重孩子的睡眠小偏好，怕黑，就给他开小夜灯；喜欢听音乐，就给他放音乐；总之，要找到他最喜欢的方式，给他营造一个轻松舒适的入睡环境。除此之外，孩子睡觉时穿的衣服也要适量，太厚会让孩子感觉不适，建议使用柔软宽松的睡袋或婴儿被包裹孩子，但不要包得太紧。

在良好的习惯建立起来之前，所有的事情都不会进行得特别顺利，请坚持我们的选择，因为我们是在帮助孩子学会一项新的技能。当他完全掌握这个技能之后，他会对自己的能力更有信心。

> **想一想**
>
> 在帮助孩子入睡的过程中，你遇到过哪些挑战？你是如何解决这些难题的？在让孩子按时上床这件事上，你做到和善而坚定了吗？

# 自主如厕是一件顺其自然的事

　　自主如厕是一件顺其自然的事，当孩子做好使用便盆的准备时，自然而然就会坐在便盆上，我们无须为此而焦心。每个孩子的发展规律都不一样，我们应该按照孩子自身的发展规律去训练孩子。

　　当孩子已经准备好进行如厕训练后，孩子会给我们一些比较明显的信号。比如，孩子不再频繁地尿尿，排便越来越规律；睡觉醒来后，纸尿裤是干的；当孩子尿尿之后，他能感到自身身体的变化，他会突然停下正在做的事情，一动不动地望着大人……这些信号都表明，孩子已经做好了使用马桶的生理准备。

　　这个时候，父母应该仔细观察孩子的排便规律，当孩子给出想要排便的信号后，及时地把孩子放在马桶或便盆上，这会让孩子知道，想排便的时候应该用马桶或便盆，而不是依赖于纸尿裤，这对孩子后期的如厕训练会有非常大的帮助。

如厕能力是一个孩子应具备的最基本的生活自理能力，孩子究竟什么时候才能为如厕训练做好准备呢？从儿童的发展规律来看，我们最好在三岁前帮孩子完成这一训练，如果孩子超过三岁还不懂得如何上厕所，上幼儿园之后还经常尿裤子，这会让孩子产生内疚感和羞耻感，同时还要面临被其他小朋友排斥和嘲笑的压力。很多孩子可能会因为如厕问题被取笑而拒绝上学，或是因为被嘲笑而憋尿、憋大便，结果憋出了毛病……所以，为了让孩子更早地做好准备，我们需要做一些努力。

这里说的努力是在生活中为孩子做一些情感铺垫。比如，换尿布的时候和他聊聊天，说说大小便是由身体的哪个部位控制的，使用尿布只是暂时的，等他们长大后会使用马桶，这样，孩子在有便意的时候就会想到马桶；把孩子抱到卫生间，与他一起讨论马桶的构造，让他明白马桶是安全的，自己坐在上面完全不会掉下去。

做游戏是年幼的孩子掌握一些生活技能的最好途径，因此我们可以和孩子一起玩游戏，模仿大人上厕所，从而让孩子掌握如厕流程和技能。还可以让孩子帮助他最喜欢的玩具娃娃如厕，教孩子如何为娃娃擦屁股、脱裤子、提裤子，整理衣服。通过一段时间的模拟练习，相信孩子能很快学会自主如厕。

另外，即使孩子已经完全学会自主如厕了，也难免会出现一些意外。当孩子因为玩得太专注而忘记控制自己的大小便的时候，不要责怪孩子，否则会让他产生羞愧感。给他换上干净的裤子，然后抱抱他，告诉他这只是个意外，我们相信他一定可以学会控制自己的身体。这会让孩子更加有信心掌握自主如厕的技能。

总之，对于上厕所这件事，父母一定要有足够的耐心，给孩子一些时间做准备，让他按照自己的时间表完成这个任务，这样我们会发现孩子掌握这一技能的过程既愉悦又轻松。

**想一想**

如厕训练给你和你的孩子带来过压力吗？在如厕训练这件事上，你是如何为孩子学会掌控自己的身体打下基础的？

# 【实践篇】幼儿也具备承担某些职责的能力

婴幼儿除了管理自己的吃喝拉撒睡之外，就不用承担其他职责了吗？事实上并非如此，从孩子学会走路的那一刻起，他就具备了承担某些职责的能力。作为父母，我们应该从小培养他的责任感。具体来说，我们应该如何做呢？

## 1. 指令简单明了

年幼的孩子的注意力不容易集中，还不能做到一心二用，所以，我们想要孩子做某件事的时候，最好一次一件事地说，指令也要简单明了。比如，"把这个香蕉皮扔进垃圾桶里"，"把你的积木放在桌子上"。如此，孩子才会乖乖听你的指挥。

## 2. 逐渐增加家务的复杂性

孩子年龄稍微大点之后，我们可以让他完成相对于复杂一点儿的任务。比如，以前只是说"把吃过饭的碗放好"，现在你可以说"把吃过饭的碗放到厨房的水池里。"

## 3. 给孩子提供帮忙的机会

婴幼儿需要获得能力感和价值感时，很多时候他想要给父母帮忙，以此证明"我能行"。所以，当我们在打扫的时候，不妨给他一个小扫帚，让他帮我们一起扫地；当我们在洗碗的时候，给他一个摔不破的碗，让他也学着洗碗；当我们在做饭的时候，让他帮忙择菜；当我们铺床的时候，让他牵着床单的一角……这样不仅会让孩子产生能力感，认为自己已经是一个大人了，还能培养孩子做家务的意识和能力。

## 4. 监督孩子，帮助孩子养成良好的习惯

孩子的自我控制能力非常弱，假如他正在整理玩具的时候，我们没有在旁边加以监督，他很可能才捡一两个就被其他的事物吸引了。所以，孩子在做事情的时候，我们尽量陪在他的身边，监督他，直到完成这件事，这也是在帮助孩子形成良好的习惯。比如，每天睡觉前要把玩具收好，脱掉的鞋子要放到鞋柜里，垃

圾要扔在垃圾桶里……相信在我们的监督之下，孩子会逐渐把这些事当成一种习惯。

### 5. 对孩子的期望不要太高，并学会鼓励

我们要求孩子做事，并不是真的希望他能帮我们的忙，为我们减轻负担，而是培养孩子承担职责的意识。孩子还小，他可能不会把地扫干净，玩具也收拾得没那么整齐，或许洗过的菜上面还有泥土。但是千万不要责怪孩子，打击孩子的积极性，不但如此，我们还要给予孩子积极的鼓励，如果孩子受到了赞扬和鼓励，他会更加乐意做这些事情。

总之，婴幼儿也是可以做一些简单的事情的，他们也很喜欢帮我们做事。那么，从现在起，给孩子提供一些做事的机会，从小培养孩子履行一些能力范围之内的职责。

# 第九章

## 父母的自我成长，才是给孩子最好的教养

——用你的行动来教孩子，言传身教吧！

我的孩子还在哺乳期，他非常可爱。我真的很爱他，我觉得他是上帝赐予我最美好的礼物。然而，最近我却完全享受不到做母亲的快乐，没完没了的换尿布和喂奶消耗了我的全部精力，感觉一天 24 小时没有一分钟是完全属于我自己的。身体的疲累让我的情绪变得极差，很多时候我都对自己的孩子没有那么多耐心，甚至会发脾气。我该怎么办？

——艾琳

每一个全职在家带孩子的父母都会发现，独自一个人带孩子是一项充满挑战的工作。不管孩子多么可爱，也不管你多么爱孩子，在过了最初的欣喜之后，你会渴望有自己的朋友圈，与人谈心，或者是与爱人一起看一场电影，自己独自地安静待上一小时……当这些需要都得不到满足时，我们就会疲累、变得暴躁，甚至大发脾气。

　　这并不是孩子的错，也不是我们的错，当我们发现自己已经承受不了的时候，我们唯一要做的就是照顾好自己。照顾好自己跟照顾好孩子一样重要，我们给孩子及家人最好的礼物就是一个温柔平和，永远精力充沛的自己。

## 过好自己的生活是对孩子最好的教育

"在孩子还没有出生之前，我就与先生做好了规划，绝对不让孩子打破我们现在的生活，因为我见过太多因为孩子而筋疲力尽的夫妻，他们相互抱怨，把生活过得一塌糊涂。所以，在孩子出生之后，我们就认真地挑选了一个专业保姆，事实证明我们的选择是对的。当我们在家的时候，能充分地享受亲子时光，而我和先生需要过二人世界的时候，我们会很放心地将孩子交给保姆，尽情地享受自己的生活。"

这是我的瑜伽教练在一次闲聊中说的话。在大多数父母的眼中，或许这样的做法没有尽到父母的养育责任。事实上，这不是自私，而是平衡生活的智慧。

拥有自己的生活，并过好自己的生活，是对孩子最好的教育。正如心理学家荣格所说："父母对孩子最不好的影响，莫过于让孩子觉得他们的父母没有好好过日子。"

如果父母进行的不是身体力行的教育，而是流口常谈的言传，这样的教育往往是苍白无力，难以信服的。可以这么说，把自己的生活过得一塌糊涂的父母，往往很难教出优秀卓越的孩子。

父母一生所做的每一个决定，每一次选择，以及对待生活的态度，对孩子的成长最具有影响力。相对于给孩子定目标、做规划、谈理想来说，父母拥有自我，培养一些自己的小爱好，每天抽一些时间做一些有益身心的事，认真努力地去工作、生活，成为让孩子骄傲的人，努力为孩子树立一个好榜样，才是我们给予孩子最好的养分。

但是生活中很多父母都忽视了这个根本性的问题，在有了孩子之后很喜欢忘记自己，把自己的全部时间和精力都放在了孩子身上，每天睁眼、闭眼都是孩子饿了、困了、哭了、笑了，一切围绕着孩子转，完全丧失了自己的生活。

当我们的生活中只有孩子，我们就很容易对孩子的一切事物大包大揽，过度关注和保护孩子，会让孩子失去尝试并了解新事物的机会。孩子是在探索和犯错中学习的，如果每天被父母圈养在安全区域，最终孩子会依赖成性，难以独立，缺乏主见，从而变成胆小懦弱的巨婴。

我非常理解作为父母的感受，我们希望给予孩子更多的爱，让孩子拥有世界上一切美好的东西。但这并不意味着我们需要付出自己的全部，献出自己的一生。就像海桑在他的诗里所写的那样："我是一件正在老去的事物，却仍不准备献给你我的一生，这是我的固执，然而我爱你，我的孩子，我爱你，仅此而已。"

愿我们都能像海桑一样通透，爱孩子，也爱自己，为孩子付出，也留一些爱给自己。记住，父母只有认真对待生活，努力经营好自己的生活，才能教养出优秀的、能够创造幸福的孩子。

**想一想**

你会为了孩子放弃自己的全部吗？现在你的生活是否有变化？

## 正确处理自己的坏情绪

在养育孩子的过程中，我们常常表现得不那么爱孩子，比如，总是无法控制自己的情绪，对孩子大吼大叫，甚至更加暴力地对待孩子。大多数父母都不会相信自己曾多么恶劣地伤害过自己的孩子，但事实确实如此，当孩子不那么听话的时候，当我们的负面情绪不断升级的时候，我们曾对孩子产生过深深的恶意。

面对年仅三岁的女儿的教育，朋友常常跟我说起她的无助。她每次想要做一个心平气和的妈妈，跟孩子愉快相处的时候，孩子的很多行为就会让她大为恼火，最终造成自己愤怒地大吼大叫、孩子号啕大哭的局面。对于自己的行为，朋友也知道是错误的，这对孩子的身心健康没有任何好处，但是每当事情发生之后，她总是控制不住自己的坏情绪。

任何人的耐心都是有限度的，或许我们一直都在给自己做心理建设，要做一个心平气和的父母，但是往往事与愿违。比如，我们正准备工作的时候，发现孩子将牛奶倒在了自己的电脑键盘上；我们刚收拾完房间，正准备坐下来好好休息时，发现收拾过的地方又被孩子弄得一片狼藉；明明给孩子买了画板，他依然把客厅的墙画得一塌糊涂……

面对孩子给我们制造的一个又一个麻烦，大多数父母都做不到一直和颜悦色，我们很可能会在耐心用尽的时候对孩子大发脾气，希望孩子能够安静一点儿或者是不要那么捣蛋。

其实，对于一个成长中的孩子来说，这些都是他们的正常经历，是一些再小不过的问题。尽管父母的气来得快，去得也快，但是往往就是生气的那几秒钟会对孩子做出一些我们本不愿做的事。等事情过去之后，我们往往会这样问自己："我为什么那样做？"

要想教育出好孩子，我们最应该做的是避免情绪的踢猫效应，正确处理自己的坏情绪，培养自己的耐心，做心平气和的父母，这才是父母最该学习的一课，也是父母带给孩子的最好教养。

---

**想一想**

你最近一次对孩子发脾气是什么时候呢？孩子做了什么让你愤怒的事？

## 不要轻易拒绝孩子的爱

当孩子渐渐长大，不再是一个懵懂无知的小婴儿时，他也懂得体察父母的情绪，会向父母表达自己的爱。比如，当他看到我们情绪低落的时候，他可能会想着做点什么逗我们开心，如更加黏我们，向我们撒娇，想要给我们表演节目。然而，通常这个时候，我们会表现得不耐烦："不要再来烦我了，能不能让我安静一下？"

他还会想着跟我们分享他的东西。比如，把爸爸给他买的新玩具，献宝似的拿到我们的面前说："妈妈，给你！"而我们却不以为然地说："你以为妈妈跟你一样是个小孩啊，快拿走，这都是给小孩玩的玩具，妈妈是大人。"当孩子把他最爱吃饼干递到我们嘴边的时候，我们却拒绝道："这是妈妈专门买给你的，你自己吃吧，妈妈不吃。"

当我们正在做一件事的时候，孩子会想着和我们一起做，但是孩子的能力毕竟有限，反而会越帮越忙，把事情弄得一团糟。这个时候，我们却以为孩子在捣乱，怒斥孩子："让你别动，你偏动，就知道帮倒忙。"

其实，孩子的这些行为都是在表达自己的爱。孩子表达爱的方式很直接，如拥抱、亲吻，或者把好吃的东西和父母分享，把自己最喜欢的玩具让给父母玩，不停地喊妈妈……但是，对于这些小事，很少有父母能够细心地感受到孩子的爱，更有甚者会表现出不耐烦。假如我们长时间拒绝孩子的爱，孩子长时间遭到拒绝，他会认为自己所做的一切都是错误的，渐渐的，孩子就不会再给予爱，只习惯被爱，长此以往，孩子就会变成一个不会施爱的人。

相反，我们如果能够欣然接受孩子的这种爱，让孩子体验到付出爱所得到的快乐，孩子就会学会付出，学会爱，成为一个善良的，懂得爱的人。

另外，在家庭教育中，我们可以把孩子宠成王子或公主，给予他们最好的东西，但是不要搞"特权教育"。比如，好吃的东西只让孩子吃，好玩的东西先让孩子玩，无论做什么我们都为其代劳。这么做看似是为了孩子好，实质上，这只会让孩子逐渐养成自大、自私、不关爱他人的性格。我们要让孩子知道：他所能享受的，其他人也同样可以享受；家务活不是妈妈一个人的任务，他也有责任分担。

记住，爱是最好的教育。但是，爱是相互的，不是单方面的给予和接受，我们不仅要会表达对孩子的爱，还要学会接受孩子的爱。

> **想一想**
>
> 你常常拒绝孩子的爱吗？当遭受到你的拒绝，孩子会有什么反应，这对他性格的形成又有什么影响？

## 答应孩子的事，请务必做到

我们常常教导孩子要讲诚信，但是大多数时候，我们最容易在孩子面前食言，因为很多父母都有言而无信、哄骗孩子的行为。

比如，为了应付孩子的吵闹，我们会这样哄孩子："宝宝别闹了，你只要乖乖听话，妈妈一会儿给你买好吃的。"为了得到好吃的，孩子果真停止哭闹，但是当我们忙完手中的事情，孩子问妈妈要好吃的时，妈妈却完全忘记了之前的承诺，反而对孩子一通说教："吃什么零食，好好吃饭才会身体好，零食里全是添加剂。"

我们明明答应第二天带孩子出去玩，但是到了第二天，被窝里实在太舒服了，不想起床，于是就向孩子推脱道："妈妈今天有点累，明天吧！"我们总是随便地就把对孩子的承诺变成随口说说。既然我们自己对孩子的承诺拒不履行，那么怎么要求孩子做一个讲诚信的人？

曾子是春秋末年鲁国人。他十六岁拜孔子为师，勤奋好学的他颇得孔子真传。

一天，曾子的妻子梳洗完毕，准备去集市上买东西，但是他们的儿子却哭闹着要跟着母亲一起去。曾子的妻子不愿意让孩子跟着一起去，但是实在没有办法说服儿子，只好哄儿子说："你先回去，在家好好待着，等我从集市上回来后杀猪给你吃。"孩子听了母亲的话，非常高兴地留在了家里。

曾子的妻子从集市上回来之后，发现曾子正磨刀霍霍，准备杀猪。妻子急忙劝阻道："我只不过跟孩子开个玩笑罢了，你又何必当真？"曾子严肃地说："不可以哄小孩随便玩的。小孩子之所以不能明辨是非，是因为从父母那儿学来知识，听从父母的教诲。现在你如果哄骗他，就相当于教导小孩去哄骗他人。母亲哄骗小孩，过后他知道自己受骗了，就不会再相信他的母亲，这样一来，你还怎么教育孩子成才？"说完，曾子便把猪杀了煮给孩子吃。

曾子杀猪，看似为了妻子的一个玩笑损失了一头猪，但从教育的长远利益看，却是大有好处的，曾子是在用自己的行动教育孩子要言而有信，诚实待人。也许有的父母和曾子的妻子一样不以为然，认为哄孩子只是权宜之计，不必当真。而事实上，教育孩子无小事，任何细节都要谨慎对待。

父母的言行对孩子的影响举足轻重，所以，明智的父母在孩子面前处处以身作则，以培养他们良好的道德品质。

现在的父母都比较重视孩子的教育，但是除了让孩子获得知识之外，我们还要注重培养孩子的道德品质。父母对孩子的行为、习惯有着潜移默化的影响，这就要求我们在日常生活中做一个讲信用的人。如果父母总是许孩子空头支票，孩子也很难成为一个一诺千金的人。所以，任何时候都不要"哄"孩子，答应孩子的事，请务必做到。

**想一想**

你是守信用的父母吗？当你做到对孩子守信，这对孩子有什么影响？假如你曾失信于孩子，对孩子又有什么影响？

## 最好的陪伴是做孩子的玩伴

很多父母常常会有这样的疑问：

"为什么孩子不听我的话？反而听他姑姑的话。"

"为什么孩子有秘密向其他人说，就是不向我说？"

"为什么孩子和我一点也不亲近？"

"为什么我在孩子面前毫无威信可言？"

……

每当面临这样的问题，我都会反问父母："你一般都和孩子玩什么游戏？"大部分父母听到这个问题想半天也回答不上来。

要想和孩子建立良好的亲子关系，首先要赢得孩子的信任，让孩子和我们产生心灵上的共鸣，而要想赢得孩子的信任，最好的方式就是成为孩子的玩伴。

爱玩是孩子的天性，"玩"是孩子成长过程中相当重要的一环，孩子在玩耍中探索世界，在游戏中模仿学习，对人际交往的参与和实践、对成功和失败的感受和体验，都是孩子在玩耍中完成的，在这个重要的环节里，玩伴对孩子的成长举足轻重。在家庭教育中，孩子更喜欢看父母做什么，而不是听他们说了什么，所以，要想做称职的父母，先要做好孩子的玩伴。

父母陪孩子玩耍，不仅仅只是满足孩子的情感需求，更起着引导、启发孩子的作用，对孩子性格的塑造和心理的健康发展都起着举足轻重的作用。但是，大部分父母却往往忽视了这一点。

当孩子提出要求，让我们陪伴他玩或者要我们陪着他一起做某件事的时候，我们的第一反应不是爽快地答应，而是想方设法地推脱。为了让孩子打消让我们陪着玩的念头，我们会编出许多理由，比如要工作、开会、应酬、做家务等。

我们甚至会把我们的"忙"强加在孩子身上。常常听到父母这样拒绝孩子："我如果只陪着你玩，哪有时间去工作？如果不去工作，哪有钱给你买玩具？"很多父母觉得，我们如此拼搏，就是为了给孩子提供更好的生活和教育条件，能够给孩子买他想要的玩具。但是，殊不知孩子真正想要的不是昂贵的玩具，而是父母的陪伴，孩子是非常容易满足的，有时候我们只需要放下手头的活儿，然后夸张地同孩子一起玩我们觉得无比幼稚的游戏，他们都能咯咯地笑个不停。

　　美国斯坦福大学医学院的研究人员指出：孩子最重要的需求是和成人建立一种安全可靠的关系，父母最应该做的一件事就是陪孩子玩。对幼小的孩子来说，最好的教育不是名师和早教，而是父母的陪伴。作为父母，我们要想让孩子不输在起跑线上，先让自己成为孩子最好的玩伴吧！

**想一想**

　　你会跟孩子一起玩吗？你们在一起一般会做什么游戏？

# 【实践篇】如何把自己培养成更有耐心的父母

和一个不满三岁的孩子相处，的确考验大人的耐心。面对孩子这个"麻烦制造机"，我们该如何控制自己的脾气，让自己更有耐心呢？

## 1. 深呼吸

当我们感觉到自己心跳开始加快，呼吸变得粗重，身体正在发热，思维变得不清晰，情绪开始不受自己控制的时候，尽量克制住自己想要大声吼叫的冲动，试着让自己的呼吸慢下来，让自己的呼吸变得悠长又缓慢，在心里从 1 数到 10，我们会发现，即将爆发的怒火会慢慢平息下来。

## 2. 认真倾听

通常情况下，我们之所以感到心烦，是因为本来每天都被琐事缠身，还要应付孩子的"十万个为什么"，或者是为孩子制造的麻烦善后。其实，孩子之所以制造麻烦，是因为他想要寻求关注。假如我们能暂时停下手中的事，认真倾听孩子到底需要什么，我们就能暂时忘记其他烦恼。如此，我们也就不会轻易地对孩子失去信心了。

## 3. 心平气和地处理孩子的过失

孩子在成长的过程中难免会犯错，当孩子犯错之后，我们要冷静地听一听孩子的想法和解释，心平气和地询问具体情况之后再判断孩子是否应该接受惩罚。

## 4. 给自己和孩子建立一个冷静区域

和孩子共同寻找一个冷静的空间，可以是一把椅子，一个角落，或者一个单独的房间。当我们和孩子都无法冷静的时候，我们可以暂时回避一下引起冲突的矛盾，如看一本书或者听一首歌，等彼此都平静下来之后，再聊一聊之前发生的事。

# 请不要忘记，我们也曾是孩子

养儿育女是一个漫长的过程，这其中的幸福与辛酸，只有父母知道。但是很多时候，我们之所以会被孩子弄得精疲力竭、歇斯底里，都是因为我们没有找到正确的途径与孩子和平共处。

尊重并理解孩子，是正面管教的关键要素，它要求我们尊重孩子的需要和人性，理解孩子的发展和适龄行为。如此，我们就不会期望一个几个月的小婴儿能够站起来走路，让刚学会走路的孩子健步如飞，因为期待任何超出孩子能力和理解力的行为，都会让我们失望。

学着理解孩子的世界，会让我们产生很多不一样的想法，会更加知道该如何帮助孩子成长，如何有效地鼓励孩子，让孩子更有自信。对于一个新生的小婴儿来说，他们刚来到这个陌生的世界，什么事都需要自己去摸索、探索，他们时刻需要我们的帮助。

不要对他们厌烦，因为我们也曾是孩子，我们对这个世界的所有认知，也是我们的父母用他们的耐心和爱，一点一滴地教给我们的。

"所有的大人都曾经是孩子，虽然，只有少数的人记得。"还记得影片《小王子》里的这句经典台词吗？是啊，我们也曾是孩子，但是我们却都忘记了这件重要的事，我们希望孩子的行为和习惯跟我们大人一样，有自己的规则和标准，任何有偏差的行为都是搞破坏，只要不在我们的规则和标准之内都是坏孩子。

其实，孩子本不坏，是我们给孩子贴了太多负面标签。当我们撕掉这些标签，放下"父母"的身份，不把自己当成高高在上的大人，用孩子的思维了解孩子，用孩子的眼睛看待世界。我们就会发现，世界上没有比年幼的孩子更可爱的人了。

请不要忘记，我们也曾是孩子。

做富有情趣、童心焕发的父母吧，敞开自己的心扉，创造机会去寻找童年的乐趣，给自己和孩子留出一些时间和空间去体验玩耍带来的快乐。我们会发现，不尽人意、唉声叹气、担忧恐惧、冲天怒气，以及乏善可陈的生活，都被和孩子一起玩耍的喜悦荡涤干净。

　　一路走来，我们以为是我们在教育孩子，最终，我们会发现，是孩子教会了我们忍耐和爱，是孩子让我们乏味、消沉的岁月变得五彩斑斓。